后浪出版公司
小学堂 010-02

[日] 小山龙介 著　阿修菌 译

整理的艺术 2
时间是整理出来的

江西人民出版社

时间整理术概念图

创造环境	整理时间	时间效率
思考方式 · 爵士乐型集中力与迷幻音乐型集中力	**思考方式** · 瞬间改变人生	**思考方式** · 把握生活的节奏与旋律 · 牛顿时间和柏格森时间
创造韵律 · 2分钟之内能搞定的事就尽快搞定 · 准备迷幻和爵士两种音乐 · 留出空当期	**把握时间** · 忘记日程表的细节 · 记忆日程表无需亲力亲为 · 用文件夹制作便携式ToDo列表	**设计一周的时间** · 怕丢脸，就把日程表填满吧 · 制定一周的日程计划 · 星期一不会客 · 星期三尽量安排会面 · 星期五的晚上不去喝酒
创造模式 · 利用身边的度假村和温泉 · 在计划里体现出季节感 · 制订旅行计划	**活用零散的时间** · 将任务变为可视化便签纸 · 便笺纸ToDo管理术 · 拥有多个ToDo列表 · 收到的电子邮件立即添加到ToDo列表中	**创造时间的"模式"** · 将日程表模式设定为"重复" · 活用提醒事项，控制自己的行为 · 在开工前搞定当天的工作 · 将在家时间涂成灰色 · 下午两点会客
刺激大脑 · 运动后来瓶啤酒 · 动手打扫，提高集中力 · 用仪式提高爵士乐型集中力	**节省时间** · 搬到离公司近的地方 **整理信息** · 巧用"暂存箱"，省出更多时间 · 不要企图一次就把硬盘整理好 · 用"懒骨头原则"整理名片	**提高时间效率** · 午饭总要剩一口 · 分别使用两种集中力 · 在出神状态下写邮件 · 切勿一心二用 · 发薪日绝不取现 · 以25分钟为工作单位的番茄工作法
排除干扰 · 戴上眼罩，调整呼吸 · 占领会议室，大玩"会议障眼法"		**计算效率** · 用软件记录工作时间 · 计算自我成本 · "周末创业"的方法

交流	反馈	决策
思考方式 · 团队时间的加法与乘法	**思考方式** · 时间投资的效率与效果	**思考方式** · 人生的微分与积分 · 思考要简单
将日程表可视化 · 共享日程表 · 用甘特图做项目管理	**调换日程表** · 价值25,000美元的终极ToDo管理术 · 以两周为单位调整会谈预约安排	**制定判断标准** · 制作"不做"清单 · 制定越位规则 · 把私人计划变成橙色 · 不做海外旅行,而是海外"滞留"
制定交流的形式 · 通过Facebook进行交流沟通 · 发票按开具时间的先后顺序粘贴 · 让工作沟通变得格式化 · 将常用的固定句式添加到输入法词库里	**回顾进展状况** · 把中长期目标变成习惯来达成 · 对ToDo积累的成果做出反馈 · 分段位管理计划进度 · 按季度制定计划 · 从目标图景倒推,来制定计划	**进行投资判断** · 付出时间,收获经验 · 投资20%的时间搞自己的研究 · 项目的性价比 · 时间投资要重视基础投资 · 投资回报是股利收入
共享信息 · 团队共享文件的妙招 · 重要的会议站着开	**站在别人的视角** · 把一个人的工作分给两个人做 · 在社交媒体上写出梦想 · 把自己的梦想设定为手机的待机画面 · 继承师名,培养使命感 · 在可能会拖长的会议后面安排外出计划	**思考生活方式** · 留出点时间约见自己 · 紧跟时代步伐 · 生存术要先于人生论 · 生命能量的"予赠循环"
委托工作 · 将业务按三级跳远的单足跳,跨步跳和跳跃分成三个阶段 · 常规化的工作尽量外包出去		
组建团队 · 从公司内召集"七武士" · 未知领域的书要粗读10本 · 把合不来的人编入团队	**接受反馈** · 搞定8成,留白2成	

目 录
Contents

时间整理术概念图 ·· 1
前言　为减轻压力进行时间管理 ································· 1

Chapter 1　ToDo 妙招：瞬间改变人生

时间整理术 01
将任务变为可视化便笺纸 ·· 2

时间整理术 02
用文件夹制作便携式 ToDo 列表 ······························ 3

时间整理术 03
事先贴好便笺纸 ··· 5

时间整理术 04
价值 25,000 美元的终极 ToDo 管理术 ······················ 7

时间整理术 05
切勿一心二用 ··· 10

时间整理术 06
两分钟内能搞定的事就尽快搞定 ····························· 12

时间整理术 07
收到的电子邮件立即添加到 ToDo 列表中 ················ 14

时间整理术 08
拥有多个 ToDo 列表 ··· 16

时间整理术 09
活用"提醒事项"功能，控制自己的行为 ················ 18

时间整理术 10
发薪日绝不取现 ·· 20

时间整理术 11
运动后来瓶啤酒 ·· 21

时间整理术 12
制作"不做"清单 ··· 23

时间整理术 13
把中长期目标变成习惯 ······································ 26

时间整理术 14
对 ToDo 积累的成果做出反馈 ······························ 28

时间整理术 15
瞬间改变人生 ·· 30

Chapter 2　日程安排妙招：把握生活的节奏与旋律

时间整理术 16
忘记日程表的细节 ·· 32

时间整理术 17
记忆日程表无需亲力亲为 ···································· 34

时间整理术 18
共享日程表 ··· 36

时间整理术 19
怕丢脸，就把日程表填满吧 ································· 38

时间整理术 20
将私人计划标为橙色 ·· 40

时间整理术 21
制定一周的日程计划 ·· 42

时间整理术 22
星期一不会客 ·· 44

时间整理术 23
星期三尽量安排会面 ·· 46

时间整理术 24
星期五的晚上别去喝酒 ··· 48
时间整理术 25
将日程表模式设定为"重复" ···································· 49
时间整理术 26
以两周为单位调整会谈预约安排 ································ 51
时间整理术 27
用软件为工作计时 ··· 52
时间整理术 28
以 25 分钟为工作单位的番茄工作法 ··························· 54
时间整理术 29
在可能会拖长的会议后面安排外出计划 ······················· 55
时间整理术 30
留出点时间约见自己 ·· 56
时间整理术 31
把握生活的节奏与旋律 ··· 58

Chapter 3　时间效率妙招：爵士乐型集中力与迷幻音乐型集中力

时间整理术 32
牛顿时间和柏格森时间 ··· 60
时间整理术 33
在开工前搞定当天的工作 ·· 62
时间整理术 34
戴上眼罩，调整呼吸 ·· 65
时间整理术 35
占领会议室，大玩"会议障眼法" ······························ 67
时间整理术 36
动手打扫，提高集中力 ··· 69
时间整理术 37
巧用"暂存箱"，省出更多时间 ································· 71

时间整理术 38
不要企图一次就把硬盘整理好 ·················· 73

时间整理术 39
用"懒骨头原则"整理名片 ···················· 76

时间整理术 40
午饭总要剩一口 ···························· 78

时间整理术 41
分别使用两种集中力 ························ 80

时间整理术 42
在出神状态下写邮件 ························ 83

时间整理术 43
准备迷幻和爵士两种音乐 ···················· 84

时间整理术 44
下午两点会客 ······························ 86

时间整理术 45
留出空当期 ································ 88

时间整理术 46
利用身边的度假村和温泉 ···················· 90

时间整理术 47
在联合办公空间与工作意识高的人"合宿" ······ 92

时间整理术 48
用仪式提高爵士乐型集中力 ·················· 94

时间整理术 49
爵士乐型集中力与迷幻音乐型集中力 ·········· 96

Chapter 4　时间投资妙招：把时间用在刀刃上

时间整理术 50
计算自我成本 ······························ 98

时间整理术 51
付出时间，收获经验 ························ 101

时间整理术 52
投资 20% 的时间搞自己的研究 ……………………… 104
时间整理术 53
不做海外旅行，而是海外"滞留" ………………… 107
时间整理术 54
时间投资应重视基础投资 …………………………… 109
时间整理术 55
投资回报是股利收入 ………………………………… 111
时间整理术 56
项目的性价比 ………………………………………… 113
时间整理术 57
搬到离公司近的地方 ………………………………… 116
时间整理术 58
"周末创业"的方法 ………………………………… 118
时间整理术 59
将在家时间涂成灰色 ………………………………… 120
时间整理术 60
搞定八成，留白两成 ………………………………… 122
时间整理术 61
思考要简单 …………………………………………… 124
时间整理术 62
时间投资的效率与效果 ……………………………… 126

Chapter 5　团队合作妙招：加强协作，让团队时间翻倍

时间整理术 63
用甘特图做项目管理 ………………………………… 128
时间整理术 64
团队共享文件的妙招 ………………………………… 131
时间整理术 65
通过 Facebook 进行交流沟通 ……………………… 133

时间整理术 66
发票按开具时间的先后顺序粘贴 ·················· 135

时间整理术 67
让工作沟通变得格式化 ·························· 138

时间整理术 68
将常用的固定句式添加到词库里 ·················· 140

时间整理术 69
将业务按三级跳远分成三个阶段 ·················· 142

时间整理术 70
把常规化的工作外包出去 ························ 144

时间整理术 71
从公司内部集结"七武士" ······················ 146

时间整理术 72
泛读 10 本未曾涉足过的领域的书 ·················· 148

时间整理术 73
把不投缘的人纳入团队 ·························· 150

时间整理术 74
制定越位规则 ·································· 152

时间整理术 75
把一个人的工作分给两个人做 ···················· 154

时间整理术 76
重要的会议要站着开 ···························· 156

时间整理术 77
团队时间的加法与乘法 ·························· 158

Chapter 6　计划妙招：人生的微分与积分

时间整理术 78
按季度制订计划 ································ 162

时间整理术 79
在计划里体现出季节感 ·························· 164

时间整理术 80
制订旅行计划 …………………………………… 167
时间整理术 81
从目标图景倒推,来制订计划 ………………… 169
时间整理术 82
紧跟时代步伐 …………………………………… 171
时间整理术 83
分段位管理计划进度 …………………………… 173
时间整理术 84
把自己的梦想设定为手机待机画面 …………… 175
时间整理术 85
继承师名,培养使命感 ………………………… 176
时间整理术 86
在社交媒体上写出梦想 ………………………… 178
时间整理术 87
生存术要先于人生论 …………………………… 180
时间整理术 88
让生命的"能量"在予赠过程中不断循环 …… 182
时间整理术 89
人生的微分和积分 ……………………………… 185

后记　作为先驱性智慧的生存术 ………………… 188
出版后记 …………………………………………… 190

前言　为减轻压力进行时间管理

时间管理——说来简单，可做起来还是挺难的。之所以这么说，是因为我们没法事先把时间存起来留作后用。信息和金钱是可以存储的，而时间只会无情地流逝，不做半点停留。它就像沙漏一样，只会有减无增。

时间的这种特性，往往弄得我们现代人被时间追赶着过日子。工作上，繁重的任务压身，让我们毫无喘息的空间。生活中，我们追逐着微博上不断更新翻页的帖子。这些都会给我们带来巨大的压力。即使到了周末，我们也会没有缘由地感到不安，总觉得还有些什么没来得及做。

以前的我便是这样的。

如果把时间比作是金钱，那我们就像是在一场绝对没有胜算的赌局上，不断地挥霍掉一笔又一笔的钱。我们越是挥霍时间，便越会忘记时间的重要性，越会将更多的时间浪费在毫无意义的事情上，渐渐陷入挥霍光阴的恶性循环之中。

如果是赌钱的话，那么总会有输到身无分文，没法继续赌下去的时候。而**把自己毁在时间赌注上的人，却很少能自己意识到这个问题。**时间的赌注是一个无底洞。

但自从我开始使用生存术（life hack）①之后，我这种浪费时间的

---

① Hack一词最早是用在电脑黑客上，负面的意思比较多。不过它也有正面的意思，如"轻松解决问题"。最近人们把能帮助实现"零压力，愉快生活"的妙招称作是"生存术（life hack）"。

行为发生了180°大转变。接下来，我将为大家逐一进行介绍。

会工作的人从不说"忙"

这种时间的赌徒们会不断加注，扔出去更多的时间筹码。比如在旅途中还对工作念念不忘，以至于无法尽情享受旅行。

我们也知道你确实很忙。但是既然出去旅行，那么尽情享受旅行才是你应该做的事情。而时间的赌徒们却无法容忍这种"无生产效率的时间"存在。结果难得出去旅行一次，却不能尽兴而归。

时间的赌徒们在各种生活场面中都无法尽情享受某段时间，只能任凭光阴从指缝中溜走。而且他们总喜欢说"我很忙"，陶醉于忙碌的状态之中。在这种状态下，他们即使在该放松的时候也不能褪去紧张感。

并且，越是把"我很忙"当口头禅挂在嘴边的人，其实工作能力越差。我曾经就是这样的。即使到了现在，有时也偶尔会脱口而出，然后就会被自己惊到了。

工作能力强的人时绝不会自己说"我很忙"。他们在休息时间好好休息，在玩耍的时候尽情玩耍。他们时间的密度都很大，却没有在时间的催促下身不由己地往前走的感觉，所以才没觉得"我很忙"。

后来我深感这种状态不能再继续下去了，于是着手做了一件事，即"弄清楚该干哪些事"。

这世上有很多"最好还是做一做"的事。比如说最好抽空跑跑步，最好看些书或学习学习。做饭也最好是自己亲力亲为，打扫也最好做得勤一些。

但是，如果所有这些都做的话，想必再多的时间也是不够用的。正因如此，我们才有必要把"最好还是做了，不过不做也没关系"的事，和"应该做的事"明确区分开来。

为此我们需要做 ToDo 管理，也需要做日程表管理。不过更重要的是判断哪些事情还是做了比较好。在这本《整理的艺术 4：时间整理术》中，我会为大家介绍一些技巧，来帮我们判断哪些是"应该做的事"，让大家不至于在赌博中失去时间筹码。

节约时间的人生是快乐的吗？

接下来我会将节约时间的话题尽量地压缩到最小限度。"十五分钟搞定午饭"，这种说法在销售营销的世界里屡见不鲜，而且无论是谁，只要想做便都能做到吧。但是这么做到底有什么意义呢？

也许有人会觉得这是好事。如果把在午饭上节约下来的时间用在销售上，就能多去拜访一家客户了。但是从本质来说，这样做真的能给他们的个人生活带来益处吗？对于非常讲究饮食的人而言，这种随随便便解决午饭的做法是否太过残酷了？即使牺牲了心灵的愉悦也要追求的时间节约术，这种方法到底有多大的价值？

比起这种机械的节约方法，如何有效地利用时间才是更重要的。集中精力度过一小时和精力涣散地度过一小时是截然不同的。特别是在脑力劳动方面，这种差距便更为明显了。

例如 A 只用十分钟的时间思考，然后信手拈来了一个企划。而 B 花了十个小时憋出了一个企划。这里从时间效率而言，就有高达六十倍的差距。B 即使节约个十来分钟的时间，也无法追平 A。差距实在太大了。

在本书中，我们的目标是把工作效率提高三倍。然后用省下的时间来更尽情地享受人生。

"生存术"不是"工作术"。生存的是"生活"，是"人生"。工作只是其中小小的一部分而已。

脑力劳动的特色是工作效率的差异会体现在成果的巨大差异上
A 仅用十分钟完成的企划，B 却花费了十小时。
（况且还有可能花上十小时也做不出来）

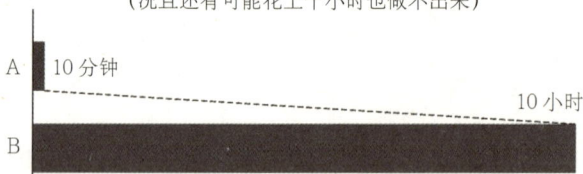

A｜10 分钟

10 小时

B

帮你赶走未来不安的时间整理术

即便如此，相信仍有不少人觉得"如果现在享受的话，会对未来感到不安"。如果争分夺秒，玩命工作，那么也会学到相应的技能，工作能力也能提高，薪水也会水涨船高。这的确是事实，无可厚非。年轻的时候就算花钱也要买苦头吃。这句老话也是有一定道理的。

那么，我们该怎么做，才能赶走对未来的不安呢？如果说有两种时间使用方法：一种能帮人消除不安，另一种反而徒增不安。那么这两种方法到底有何区别呢？这里我想跟大家分享的便是时间"**投资**"和"**赠与**"的概念。

教人用钱做投资的书比比皆是，而且社会上也有各种服务能提供咨询和建议。然而说到用时间做投资这么重要的事情时，情况却截然相反。本来时间才是最有限的重要资本，如何运用时间才应该成为计算你人生回报的重点才对。

如果用企业的资产负债表来打比方的话，则是资产（未来的时间与过去的经验）＝负债＋所有者权益（他人的时间＋自己的时间）。

这是将有限的时间转换为金钱和经验的过程。换个视角，我们也能把人生变成不断将时间资本转换为各种形态资产的活动过程。

有了这种想法后，我们才能够找到通向光明未来的时间使用方法。

然后将这一概念进一步引申，便可以得出时间赠与的概念。投资的目的是经过一段期间而获取回报，赠与则不期待能获取回报。

时间的资产负债表

资产 花费时间获得的 经验和人脉等	他人的时间 为了生存下去而花费 在别人身上的时间
	自己的时间 花费在自己身上的时间

发展人脉就属于这类。如果带着希望获取回报的功利之心去跟人交往,你心里的算盘肯定会被人发现,然后别人也会提防着你,不跟你亲近。但如果你抱着不奢求回报的赠与精神去行动,最后可能反而会获得丰富的回报。你赠送出去的东西,会变成更大的礼物回到你身边。

我也想跟大家介绍下这种赠与的循环。

梦想能否实现,全靠生存术帮忙

结果重要的是**不要从"现在"这个瞬间移开眼睛**。

如果对未来感到不安和焦虑,或因过去的成绩而沾沾自喜,人就会看轻实际上非常重要的"现在"。刚才我说了时间总是会无情流逝的,其实换而言之,这句话的意思是时间永远只有"现在"。然后这些只有这一分一秒的"现在"聚沙成塔,才能让你到达梦想的那端。

现在,我能在这里分享的具体技巧便是生存术。不过我也不想总是拘泥于细枝末节,却反而忘记了最本质的东西。因此我也会写一些与时间观念有关内容,帮助我们实现梦想。

这里我想强调的是,梦想不是个人的私有物品,而是大家的共同财产。而暂时被赐予了一部分的共同财产,并从中获得了能量的,便是实现了梦想的人。

我们要鼓足勇气，试着去承接作为共同财产的梦想中属于我们的那一部分。这里我们也需要承担责任。不过肯定也会获得相应的能量和实现梦想时的感动。

你手中的这本书，也许将会成为你承接梦想、实现梦想过程中的转折点。我非常希望正处在这种非常时刻的你，能够看一下这本书。

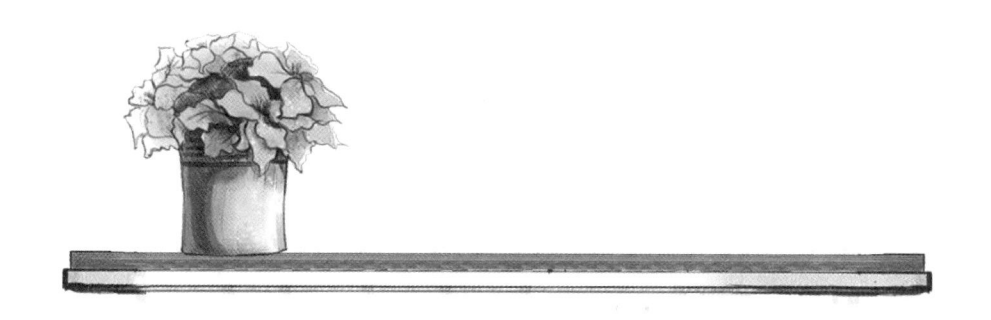

Chapter 1　ToDo 妙招

瞬间改变人生

时间整理术 01
将任务变为可视化便笺纸

很多人都弄不清楚在当下这个瞬间该做些什么，这点让人挺意外的。清楚今天一天该做些什么的人也不多。说到清楚自己这一周该干到哪一步的人，那估计就更少了吧。

处于完全不清楚该干多少活才好的状态，却还要去干活。这就像不知道要跑多远还去参加马拉松比赛一样。奋力奔跑，却总是看不见终点。这样不仅很辛苦，也会心里不安，备受煎熬吧。

为了消除工作时的不安情绪，我们首先应该做的是**对"该干的事情"进行管理**。

ToDo 管理方法中，我首先想向大家推荐的是**便笺纸管理法**。具体来说就是工作分配到手之后，将任务写在便笺纸上，并贴在显眼的地方。等完成任务后，将这张便笺纸撕下，扔进垃圾桶。

这样一来，便笺纸的量直接转变为工作任务的量，我们便能对工作有了视觉上的把握。

便笺纸用 75mm×25mm 的细长型和 75mm×50mm 偏大一点的规格都行。简单的 ToDo 记在细长型便笺纸上即可，复杂点的任务则可以用大一点的便笺纸，详细记录工作内容。在电话中听到 ToDo 任务后，也可以拿大一点的便笺纸直接当笔记纸用。

时间整理术 02
用文件夹制作便携式 ToDo 列表

这里的重点是绝不能把自己的视线从便笺纸上移走。

假设某个时候，你跟对方说"那么，我两小时后再打电话"，挂断电话后，将这件事写到便笺纸上。也许你想说这下便万无一失了！可是你没想到之后再也没有时间去看那张便笺纸，等你再想起来确认的时候，已经是五个小时以后的事了……如果你很潇洒地将打电话的事完全抛诸脑后了，那 ToDo 笔记也就没有意义了。

把便笺纸贴到随时都能看到的地方，这才是重点。比如，你若是从事案头工作较多，则可以在办公桌上专门为便笺纸腾出一个空间，然后把 ToDo 便笺纸挨个往上贴得满满的。坐在办工作前的时候，总能看到这些 ToDo 便笺纸，也就不会马虎大意给忘了。若是工作多用电脑的人，则可以在显示屏周围贴上一圈便笺纸。

竖在办公桌上的文件夹。因为纸张较厚，所以可以竖着放。

只是如此一来，当我们离开办公桌后，就再也查看不了 ToDo 便笺纸。要是可能的话，最好是把它弄成便携式的。

我以前使用文件夹，像贴照片一样贴便笺纸，然后拿着到处走。这种文件夹即使稍作折叠，便笺纸也不会脱落。而且纸张较厚，也很容易地竖在办公桌的某个角落，以供随时查阅。开个小会或外出办事时，随手带上，即使离开办公桌也不会有问题。

时间整理术 03
事先贴好便笺纸

然而要是随身带着便笺纸片刻不离，其实也挺麻烦的。应用这种工具时容易遭遇"墨菲定理[①]"，即需要用的时候反而没有带在身上。我不停尝试，最终发现了两个超级好用的方法。

一个是**把便笺纸放入钱包或名片夹中**。我们可以将带有轻薄塑料包装的便笺纸事先放入钱包。我们一般很少会忘记随身携带钱包，因此这个方法肯定没问题。只是这样一来，能随身携带的便笺纸就只能局限在小规格的范围内了。

另一个方法比较有划时代意义。那就是**把便笺纸事先贴在需要贴的地方**。这是一种逆向思维。这么一来，

带有塑料包装的便笺纸。即使放入钱包或名片夹中也不会散落开。

[①] 墨菲定理指"某件有可能进展不顺利的事最终会全盘不顺利"，是一种比较悲观的经验论。需要便笺纸的时候，恰恰手上没有便笺纸。"墨菲定理"乍一看很无聊，实则非常重要。"会发生的事总会发生的"，这个观点是项目风险管理的基础。

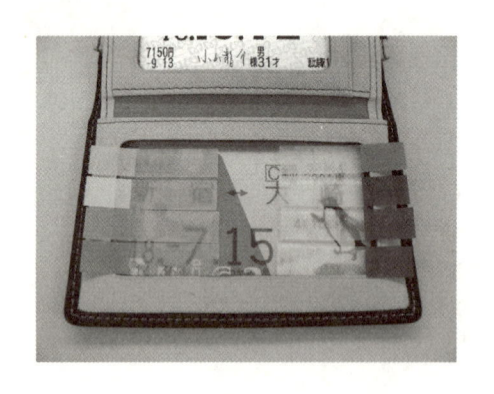

贴在月票夹上的便笺纸。月票夹的塑料面是粘贴空白便笺纸的好地方。

Hack Note 记事本上有个专门用于粘贴便笺纸的部分。这个部分既可以用作书签,也可以把笔别在上面。

忘记携带便笺纸的情况也会减少。

  刚才介绍的用来贴 ToDo 的文件夹上,也可以事先贴上空白便笺纸。等我们想到 ToDo 的时候,直接写在文件夹的空白便笺纸上即可。

  我们将这个方法升级,给普通记事本也密密麻麻地贴上便笺纸后,它就能摇身一变,成为多功能记事本。我们可以贴换不同的便笺纸,将其变成具有收集编辑功能的记事本。

  这之后,我和文具咨询师土桥正先生一起开始通过 KOKUYO S&T 公司销售"Hack Note"。Hack Note 是本多功能记事本,带有专门用于粘贴便笺纸的部分,叫做"点子板(Idea Board)"。

  其实笔记本电脑的手托部分也很适合贴便笺纸。浏览网页时,忽然想做笔记了——这时候,你可以立刻使用这种方法。而且如果你正操作电脑时来了个电话,也能快速地做电话记录。除此之外,贴上便笺纸还能隔绝污渍,以免弄脏电脑手托。

  这么方便又实用的方法,只有随时粘贴、随时撕下的便笺纸才能实现。

时间整理术 04
价值 25,000 美元的终极 ToDo 管理术

即使这么处理 ToDo，有时还是会留下一些无法及时处理的任务。**像这种昨天无法完成的 ToDo，我们必须把它归入第二天的任务中，并排好优先顺序后，一一完成。**这被称为"艾维·李（Ivy Lee）的金点子"，是价值 25,000 美元的生存术。

二十世纪初期，经营咨询师艾维·李对美国钢铁大王查尔斯·施瓦布（Charles M. Schwab）说："我有个能把效率提高 50% 的方法。"并提出了下面这个方案。

这是个非常简单的 ToDo 管理方法。首先是要求员工在下班前写出六件明天必须做的事情，然后按照重要程度，用数字 1 到 6 给这六

贴在笔记本电脑手托上的便笺纸。只需贴上便笺纸，就能将手托处变为实体笔记板。

还有一个细节，即把有粘胶的那一头倒着贴到靠近自己的这边，便笺纸就不会因手腕动作而脱落。还能隔绝污渍，保护手托部分。

8　整理的艺术 2

艾维·李的 25,000 美元的金点子

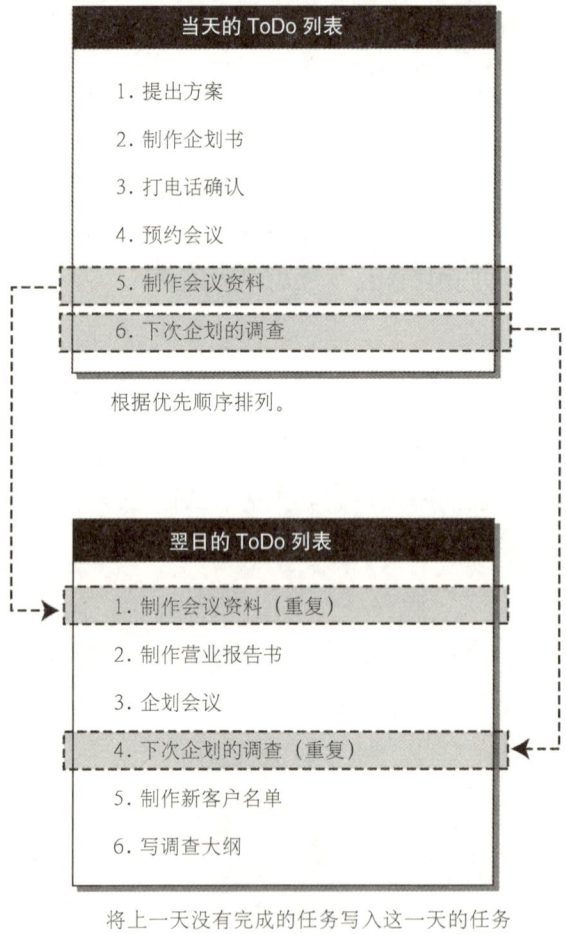

当天的 ToDo 列表

1. 提出方案
2. 制作企划书
3. 打电话确认
4. 预约会议
5. 制作会议资料
6. 下次企划的调查

根据优先顺序排列。

翌日的 ToDo 列表

1. 制作会议资料（重复）
2. 制作营业报告书
3. 企划会议
4. 下次企划的调查（重复）
5. 制作新客户名单
6. 写调查大纲

将上一天没有完成的任务写入这一天的任务列表中，重新排列优先顺序。

件事标记排序。

第二天早会上，对昨天的任务列表进行确认，并按照排好的优先顺序来进行处理。

这个 ToDo 项目不一定非要在当天全部完成。下班前总结的时候，连同没有做完的任务，再写出第二天的六个任务，并按照重要程度标上数字。要做的就这么简单。

艾维·李对这个方法自信满满。当他把这个方法呈现给施瓦布时，他说：“如果没有效果，我分文不取；但如果有效果的话，希望您能支付适当的报酬给我。”

然后靠着这个简单的方法，施瓦布的公司效率大增，而艾维·李也顺利地获得了 25,000 美元的报酬。①

---

① 之后艾维·李奠定了现代公共关系（Public Relation）学说的基础。他的一条原则是"告诉大众真相。因为他们迟早会知道的。"在这原则的指导下，宾夕法尼亚铁路事故的时候，负面信息也第一时间向大众公开，取得了很好的效果。而现在进入了网络时代，信息公开的重要新就变得尤为重要。公共关系领域还有许多其他被称为"沟通技巧"的妙招可以使用。

按照优先顺序依次处理六个 ToDo 项目。这里面包含着一个重要的信息。那就是 **ToDo 的优先顺序每天都在发生变化**。而且，每天重新定义优先顺序本身就能提高生产效率。

　　前面向大家介绍了用便笺纸进行 ToDo 管理的方法，这里的重新定义优先顺序也非常实用。比如有时候某个任务的截止日期不断逼近，或是由于一些小疏忽，引发一些问题，这会使得某个 ToDo 任务的重要性一下子提升。

　　在给任务重新排序时使用便笺纸也非常方便。通过不断调整优选顺序，ToDo 列表会变得更加科学合理，也会在未来的工作中扮演更加重要的角色。

时间整理术 05
切勿一心二用

艾维·李的 ToDo 管理术中还有一个要点，即**人不能一心二用**。

有一个说法叫"多任务"。意思是在电脑上同时进行两个及以上的操作。如果是机器的话，这种做法的确也是可行的。但是对于人脑而言，基本上是无法支持"多任务"的。如果你企图一心二用，同时做两件事，那么工作速度必然会骤降，且精度也会变低。

对于那些可以干很多工作的人，只要我们认真观察他们的工作流程，便会发现他们是在高速切换单个任务。他们切换的速度很快，以至于看起来像是在一心多用。

据说为了在同一个生产线上尽量多地生产各种车型，丰田汽车工厂花了很大功夫，最大限度地缩短更换工具的时间。以前汽车工厂可以一次性大批量生产同一个车型的产品，而现在却不同。现在不仅生产各种车型，还需要生产各种细节不同的车。为了适应这种时代潮流的变化，比起一次性大批量生产，**如何缩短更换工具的时间就变得尤为重要**。

工作亦然。

在过去，我们只需要高效地完成大量重复性任务，所以"切换和更换"并不重要。而现如今，我们面对的任务总是在不断地、一点点地变换着形态。为了适应这种变化，我们不能再一心二用，而是**应该把精力集中在缩短不同工作的切换时间上**。

时间整理术 06

两分钟内能搞定的事就尽快搞定

丰田工厂的故事还教会了我们另一个妙招。那就是面对能马上完成的任务，**最好是立刻切换工作状态，把这个任务先清理掉。**

我们假设工厂正在生产 A 车，这时忽然收到了 B 车的订单。这时丰田的做法是将本来计划给 A 车用的机器和材料全都进行替换，优先完成 B 车的生产任务。而不是把 B 车的订单往后排，等生产完 A 车再来处理。因为比起更改订单顺序，快速切换状态，按照订单要求进行处理其实更好操作，更省时间。

这个方法对于我们的工作也很适用。假设你在进行某项操作的时候，忽然上司对你说"麻烦去把复印件拿过来一下"。从个人情绪而言，相信大家都想集中对付现在正在处理的工作。但事实上，这时放下手中的活，赶紧把复印件拿过来的做法更加有效。

如果你决定把取去复印件的任务排到后面的话，你也许就得把它写到便笺纸上，保存到 ToDo 列表中，以免忘记这个小任务。但是实际上，你把这个小任务写到 ToDo 列表里需要花时间，再考虑到因为 ToDo 的增加而产生了心理负担，以及上司要求你"去把复印件拿过来"的压力，推后完成这个小任务其实是弊大于利。

与其这样，**你还不如暂停手中的工作，在两分钟内搞定它。**这样不仅可以把自己从 ToDo 变多的压力中解放出来，也能在上司面前赢得更高的评价。

时间整理术 07
收到的电子邮件立即添加到 ToDo 列表中

最近随着智能手机的普及,我们也可以用手机简单进行 ToDo 管理了。只要在被称为"云端"的网络服务器上进行管理的话,我们便能在任意一个电脑或智能手机上,对同一个数据进行确认。

其中比较有代表性的服务便是 Remember The Milk(http://www.rememberthemilk.com/)。我们不仅可以通过浏览器进行 ToDo 登录和确认,还能通过 iPhone、安卓终端、iPad 来进行同样的操作,还能设定日期、重复、场所的等具体内容。

我自己使用的是 Gmail、Google Calendar 附带的 Google Tasks。当我收到包含 ToDo 的邮件后,便从"其他"菜单中选择"追加到 ToDo 列表",把邮件保存到列表中。保存的时候也会同时加上执行任务的日期。

这样一来,登录好的 ToDo 会自动与 Google Calendar 同步,显示在日历的任务栏中。我们还可以从任务信息找到原来的邮件,随时确认查看 ToDo 的内容。

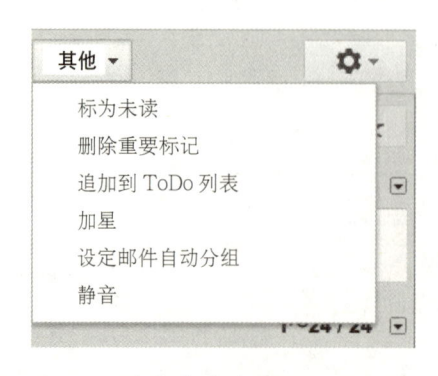

从 Gmail 就能简单地登录 ToDo。

能跟 Google Calendar 同步显示，所以也不会看漏。

也有很多好用的第三方 iPhone APP。我现在使用的有免费的 **Google Tasks**，它的功能很齐全。不过有一点挺遗憾的，那就是没有重复功能。不过还是可以用刚才介绍的 Google Calendar 功能代替。

我最近几乎所有的 ToDo 都是通过邮件弄的。就算有些是口头传达的内容，很多情况下还是会收到一封正式点的邮件。因此 Google Tasks 这种能与邮件连动的 ToDo 管理非常方便实用。

时间整理术 08

拥有多个 ToDo 列表

进行 ToDo 管理之后,我发现了它与日程表管理有一个很大的不同。

用日程表专用的记事本管理日程时,有个让我很头痛的问题:那就是必须把所有信息集中到一起。就算手中的日程表里清楚记下了 99% 的日程,只要剩下的 1% 记到其他地方,就会出现问题。某个时间段明明已经有安排了却没有体现在记事本上,又安排了别的事情,于是出现两个安排"撞车"的情况,这个噩梦依旧在我脑海里盘旋不去。所以**在进行日程表管理的时候,无论发生什么事,我们都必须将其集中记到一个地方**。到处乱写跟日程表相关的笔记,是禁忌中的禁忌。[①]

然而面对 ToDo,我们就不需要这么精神紧张。

例如,我同时使用云端的 ToDo 管理和手写的 ToDo 笔记。把这两个版本的信息进行比较就能看出有些部分重复了,而有些部分只有一边记录了,都记录得挺随意的。但是即便如此,也没发生过什么问题。**因为 ToDo 不会出现"撞车"的错误**。

或许我们可以说,ToDo 列表越多越好。根据不同的情况,区分使用不同的 ToDo 列表,也许更加有效。

[①] 野口悠纪雄将此定义为文件管理的基本规则,称之为"one pocket 原则"。信息"必须"集中在一个地方,这样我们才能放心。

当我发现这点之后，忽然有种"守得云开见月明"的感觉。因为我一直都在苦苦寻找"无论在哪里都有效的万能 ToDo 列表"。结果发现这种东西哪儿都没有。其实**根据时间、地点、场合（TPO）区分使用才是最有效的方法。**

例如最常见的 ToDo——"关好门窗"的标语贴纸。这个 ToDo 应该贴在门口或出入口才对。除此之外，无论是把它放入手机里，还是写进记事本里，都是完全没有意义的。

必须用电脑完成的任务，最好就记录到电脑里，而必须外出才能解决的任务，最好是写到记事本或智能手机里比较好。

根据不同的实际情况来记录 ToDo，这种一部分就会变成一种例行程序。最好的例子就是前面举过的"关好门窗"。

关闭电源、关掉煤气这类日常 ToDo 也可以引用到工作中来。例如打开电脑后立即查看未读邮件，去书店就一定会确认是否有新的商业图书上架，坐上电车后便查看新闻网站的报道……

把这种小任务变得一种例行程序，让你能够下意识地去做这些事。这样一来工作表现肯定会更加出色。

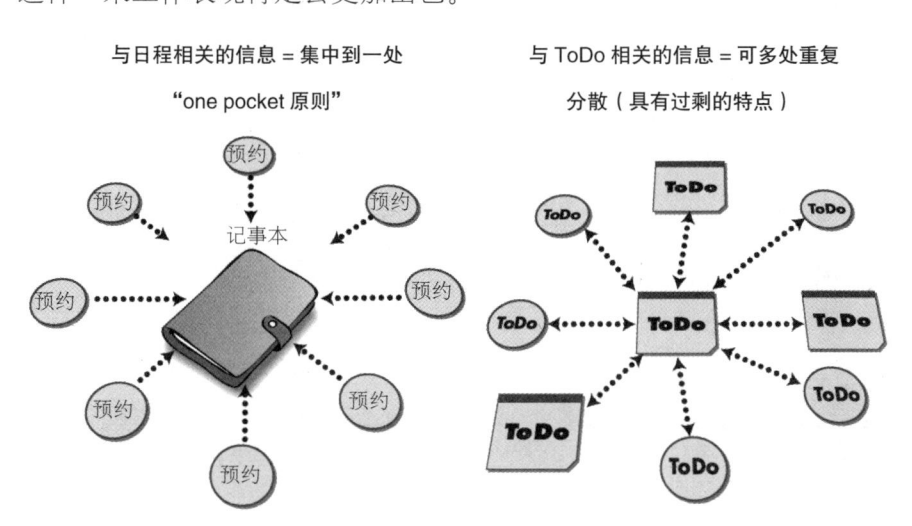

与日程相关的信息 = 集中到一处　　　　与 ToDo 相关的信息 = 可多处重复
"one pocket 原则"　　　　　　　　　　分散（具有过剩的特点）

时间整理术 09
活用"提醒事项"功能，控制自己的行为

　　iPhone 从 iOS5 起便会预先安装"提醒事项"（reminder）。就像刚才说的那样，我一般都用 Google Tasks，所以都不把这个提醒事项当做任务管理工具用。

　　不过，这个提醒程序里有 Google Tasks 没有的重复设定功能，所以我会把它当做"行为矫正工具"使用。

　　例如，我预先设定一个提醒，到了上午 11 点 55 分，就会自动跳出提示"午饭不要吃太多"。正巧要出去解决午饭的时候看到了这个信息，我就会提醒自己"下午还有活要干，午饭少吃点吧"。

　　其他的还有早上出门之前提醒该带物品的清单，或是晚上跳出提示，要我每日三省吾身一下，这种用法也挺好的吧。对于把更新博客当做每天必修功课的人来说，适时地跳出个信息提醒下"今天更新博客了吗？"也是非常有效的。

　　此外，**我们还可以设定跟地点相关**

把提醒事项 APP 变成行为矫正工具的独门妙招。

的提醒。我们可以对事先登录到通讯录的地址设定"出发时"或"到达时"的弹出信息。

例如我想在下班回家的路上买点东西，我就可以把公司设为"出发时"弹出购物信息，在目的地书店的"到达时"跳出想买的书籍清单。

这类信息也没有必要都设为任务。我们也可以设定信息给自己打气，比如从家里出发时给自己来个"加油冲吧！"，下班出公司时弹出个"辛苦啦！"之类的信息也挺好的。

这类信息虽然都是自己设定的，但是随着时间的流逝，我们会渐渐遗忘这个事实。于是这些信息慢慢地就好像是来自一个对我们了如指掌的优秀私人秘书的信息了。

时间整理术 10
发薪日绝不取现

还有一个想向大家推荐的用 ToDo 管控行为的方法。那就是把每月定期发生的 ToDo 设定为"重复"。

例如在信用卡自动还款日的前一天，创建"确定余额"的 ToDo，然后每月提醒。这样就不会发生关联账户余额不足而导致无法划账的事态发生。

从银行取现也是一样的。一到发薪日，银行 ATM 前面就会排起长龙阵，可如果发薪日前一天去取现的话，我们就用不着排长队，很快取出现金。只需要把时间错开一天，就能减少时间的浪费。我们应该设定每月 24 日跳出提示，提醒我们"确认钱包里的现金是否充足"。

如果我们一不小心做出了不理性的行为，也可以通过设定提醒，提醒自己不要再犯同样的错误，ToDo 列表也有这样的功能。

正如前文所述，与日程表不同，我们可以使用多个 ToDo 列表。Google Tasks、记事本、提醒事项，这三个列表从不互相打架——这是 ToDo 特有的属性。

时间整理术 11
运动后来瓶啤酒

即使制作了 ToDo 列表，最后还是留了一堆任务没有完成……我想不少人是这样的吧。尤其是某件不想做的讨厌任务，人们总喜欢一次又一次地把它往后推。有没有简单的方法能让我们先搞定不愿做的工作呢？当然有，就是接下来要介绍的这个妙招。

我们总打算把不愿做的工作单独列出来逐个击破，所以也会产生无论如何都不想做的抵触情绪。人类的大脑非常诚实，所以人们对于能够产生快感的工作总会积极去做，而对于没法产生快感的事情，总会不自觉地踩紧刹车。

其实反过来说，如果我们能让讨厌的事情产生快感，那么自然也能积极面对了。**解决不愿做的事情时就可以遵循这种快感原则**，也就是说把讨厌的事跟想做的事或跟快感联系起来。

例如去健身房。有时候无论如何都提不起干劲，这时可以奖励自己运动完后来点啤酒。也许有人会说难得运动了，也减点肥肉了，再喝啤酒岂不是前功尽弃了。但即便如此，还是比不运动要好吧。美味的啤酒会让你运动时更有干劲。干完一件痛苦的差事后，你也可以犒劳犒劳自己。这么一来，你会发现自己全身充满着正能量。人脑就是

养成习惯方程式

运动 + 啤酒 = 愉快的 ToDo → 习惯成自然

这么简单的东西。[①]

这时,让我们尽量地享受奖励吧。以啤酒为例,我们得尽情地享受啤酒的美味,尤其是运动完毕、挥汗如雨后的第一口清爽。这样一来,我们就更容易养成每天去健身房健身的好习惯。

其实越是认真的人,越喜欢做"对的事"。因为做运动是对的,所以才去做。但是一般人可不会只因为某件事是对的就去做。**比起对的事,我们更倾向于选择快乐的事来做**。这就是所谓的"零压力"ToDo。掌握这个要点后,我们便可以设定更容易完成的 ToDo。

[①] 习惯的养成与多巴胺有关。多巴胺能让人对某个行为产生动机。如果你的某个行为能让大脑产生多巴胺,那么这个行为更容易变成习惯性的行为。例如为什么抽烟容易变成习惯性的行为?那是因为尼古丁能够诱发大脑产生多巴胺。此外热衷于小钢珠游戏,也能诱发多巴胺,所以人很容易养成常去小钢珠店的习惯。

时间整理术 12

制作"不做"清单

　　艺术家冈本太郎先生曾在自己的书《让自己带点毒性》（青春出版社）中写道："好像人人都觉得人生是不断积累的过程。可我却相反，我觉得人生应该是不断减少的过程。"这句话非常具有启发性。当无用的东西不断附着上身时，我们需要扔掉这些东西。

　　而要说起习惯，比起养成一个新习惯，改掉一个旧的恶习更加困难，尤其是跟了自己很多年的老习惯。于是如何干脆利落、手起刀落地改掉陋习，就是个非常重要的问题了。

　　这里我建议大家发挥逆向思维，**列出个"Not ToDo"清单**。当然仅有这个还是不够的，这个清单还要跟 ToDo 列表结合起来使用。只有将其跟你想养成习惯的 ToDo 一起使用时，才会效果倍增。因为你想养成的某个好习惯的背后，往往是一个旧的恶习。即"我想养成××习惯"的这个想法背后，肯定有个"明明不能做××的，一不小心又做了……"这样的恶习。

　　在商业世界里，这也叫 Unlearning（忘却），说的是如何"忘记"曾经的成功与辉煌。这是为了创新而进行的破坏。将这个概念放到个人层面上，就是"不许做的"清单（"Not ToDo 清单"）。只是要把这个清单放在办公桌上，还是有点不好意思，所以还是悄悄地塞进记事本里比较好吧。

我把一些与基本行事原则相关的东西写入了清单。例如"不说别人的坏话","不该自己做的工作（即使报酬再高）不做","尽可能不做危及健康和有生命危险的事情","对社区没好处的事不做"。也写了一些与生活方式有关的 Not ToDo。例如"不吃早饭"、"不玩游戏"、"绝不赌博"等。

这种 Not ToDo 在生产商品和树立企业品牌方面也一样有用。在树立企业品牌时，制作"这是要干的"清单的确非常重要。不过制作"这是绝不能干的"清单，有时更有利于树立一个定位清晰的自我品牌。

例如，刚才列举的"不做的清单"中的"不说别人的坏话"，确实有跟以往的坏习惯说拜拜的意思。但同时也**跟个人品牌——可信任的个人信誉和品格的树立息息相关**。

电通魔鬼十则

1. 工作是应该自己去创造的，而不是被分派的。
2. 所谓工作就是要不断主动地出击，而不是被动地招架。
3. 要做就做大事，做小事会让自己变得渺小。
4. 瞄准困难的工作出击，攻克它时，你也会随之进步。
5. 一旦开始就永不放弃，不达目的誓不罢休。
6. 领导周围的人，并树立榜样。
7. 要有计划，有了长远计划后，便会忍耐，会下功夫，也会朝着正确方向努力并拥有希望。
8. 要有自信，因为没有自信，你的工作就没有魄力、韧性和厚度。
9. 大脑随时"马力全开"，做到八面玲珑，一丝不苟。服务就是这么回事。
10. 不怕摩擦。摩擦是进步之母，是积极的肥料。不经摩擦，你永不能成器。

---

*这是广告界妇孺皆知的《电通魔鬼十则》。
这里"该做的"和"不该做的"非常巧妙地融合到了一起。

其他的如摩西十诫这类宗教戒律也是 Not ToDo 清单的一种。维持社会团体的稳定，或共享价值观的时候，比起说"做××"，不如说"不许做××"更有效果。

时间整理术 13
把中长期目标变成习惯

一般来说，要玩转一个乐器起码需要 4000 个小时，英语熟练需要 3000—4000 个小时，取得中小企业诊断师资格需要学习 1000 个小时。美国畅销书作家兼专栏作家马尔科姆·格拉德威尔（Malcolm Gladwell）在著作《天才！》（讲谈社）中提出天才的诞生需要积累 1 万个小时才行。

想要积累这类事件，我们就需要跳出单纯的日程表管理的范畴，**把这些行为都变成习惯。**

有一位钢琴家在电视上说："我早上起来第一件事，便是坐到钢琴前。"第一早课是弹钢琴，而非吃早饭，看来他已经把弹钢琴变成习惯，成为生活的一部分了。我们只有像这样贯彻下去，不断积累，最终才能变成某个领域的高手。

铃木一郎[①]则是这么说的："不断地积少成多，是让你通向成功的唯一道路。"正如"习惯是第二天性"这句话所说的，把某件事变成习惯是至关重要的。

然而进入社会工作的人总是喜欢把这种需要花时间的事放到其他

[①] 日本著名棒球手。——译者

每天三小时，持续三年，它就变成你的了
小小的 ToDo 不断积累才是习得技能的王道

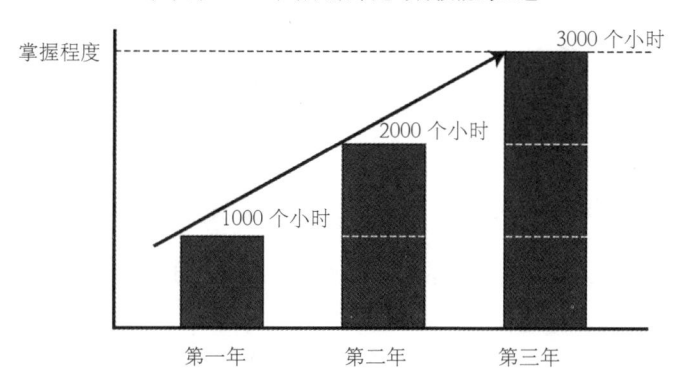

掌握程度　　　　　　　　　　　　　　　3000 个小时

　　　　　　　　　　　2000 个小时

　　　　1000 个小时

　　第一年　　　　　第二年　　　　　第三年

事情后面去做，然后总是为了搞定某件非常紧急的事情就把一整天都耗在上面了。虽然心里想着"要学英语"，却因为并不紧急，所以总是不停地被往后推。

那要怎么做才能打开这种局面呢？要怎么做才能让自己坚持努力去完成这种中长期任务呢？话说回来，为什么总是没法坚持下去呢？

其实"坚持"换句话说就是长时间做某事，这样一来，人就总会犯懒："哎呀呀，今天干脆就算了吧……"如果你总是把某件事看成你在一个月或一年之内的任务的话，你肯定会在诱惑面前溃不成军的。人就是这样的，越是想要长期坚持某做件事，反而越没法坚持下去。

因此，**"每天必做"跟"三天做一次"比起来，反而更容易坚持下去。**

这就需要你告诉自己："这件事就是今天的事！"如果你心里告诉自己"今天非去健身房不可"，你便不会推迟到明天再做。今日事须今日毕，这种观念会改变你生活的节奏，最后慢慢变成了"习惯"。

时间整理术 14
对 ToDo 积累的成果做出反馈

不断重复，坚持某个 ToDo，将之变成"习惯"。要做到这点，还有另外一个要点，就是"做出反馈"。具体来说就是看看结果，然后鼓励鼓励自己。这是能让你坚持下去的一大动机。

我每天都带着欧姆龙的活动量测定仪测量走了多少步。于是很自然就有了"再走走吧"的心情。真是不可思议。

比如，假设我睡觉前查看步数是 6700 步。这种情况下，我会想都不想便提前一站下车，然后走回家。因为我知道这么一来正好能达成每天走路 8 千步的目标。顺便一提，如果在倒数第三站下车的话，就可以多走 2700 步。

工作出行也是这样。我以前非常讨厌走很远的路，可是因为要赚步数，所以最近居然有了"离车站这么远真好"的想法。有时间的时候，我也会从公司所在的外苑前站步行到涩谷站，大约有两公里的距离。

像这样把完成的任务量变成数字后，人就会干劲十足了。不仅仅是走路，就连跑步，我也设定了"每个月 100 公里"的目标，并积极地行动着。这么一来，我就会想"下个月要加量"，或是如果这个月少了点，便会想"下个月一定要跑回来"。如果我们不断给自己反馈，数字就会很自然地越来越大，这种任务也会很自然地变成"习惯"，

查看每月成果

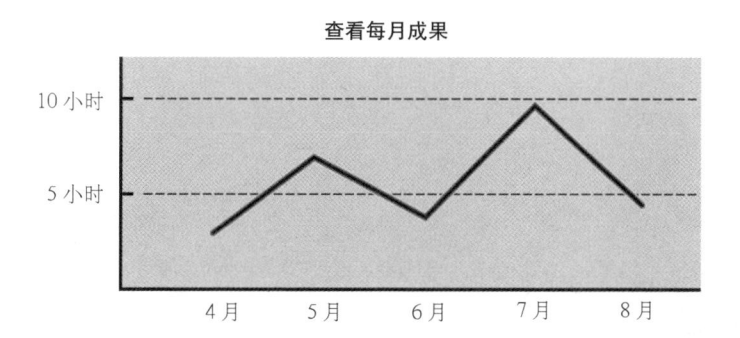

成为自己的一部分。

像这类能够给出反馈的数字不仅限于距离和步数。如果以阅读为目标的话,可以记录读了多少本书;如果是学习的话,也可以记下总共看完了多少页的教科书;如果是乐器的话,则可以记录练习了多少小时。数字最好的地方在于每天都能感觉到自己有进步。

时间整理术 15
瞬间改变人生

我们有"一时大意,一生残疾"这样的标语。其实 ToDo 也一样,它有一种力量,让我们专注地活在当下每一秒,却在同时不断改变着人生。想到这个,让我想起了一个禅宗常用的故事:

一次,师傅和弟子出门旅行。走着走着,遇到了一位老人背着个大包袱上坡。弟子在征得师傅同意后,帮助那位老人翻过了山坡,然后再回到老师身边同行。

之后没多久,师傅就将弟子逐出师门。因为师傅认为尽管只有一瞬间离开自己该走的路,那也是看轻了自己当前正在做的事情的结果。[①]

跟着师傅走路这件事本身不是什么大事。与此相比,帮助老人看起来更为重要。然而,**如果像这样不重视每个瞬间的话,就等于否定了由这些瞬间积累而成的一生。**这也许就是师傅的教训吧。

到头来这还是由于时间一去不复还的特性而产生的观点。如果不能集中每个瞬间精力,肯定什么事都做不成。将每个小小的任务作为生活中的习惯来执行下去,这便是"ToDo 妙招"的精髓所在。

而且重视每个瞬间的想法跟下面的"日程表妙招"也有关系。

[①] 故事出自玄侑宗久所著的《禅的生活》,这是本能给人很多启示的好书。

Chapter 2　日程安排妙招

把握生活的节奏与旋律

时间整理术 16
忘记日程表的细节

有不少人喜欢用脑子记自己的日程安排。但**日程可不是用来"记忆"的东西**。相反，**日程应该是用来"记录"的**。所谓好记性不如烂笔头。

首先，如果依靠记忆的话，就很容易发生"马虎大意"的情况。忘记日程会让你丧失信用，而这信用不是随随便便就能挣回来的。我在刚走入社会工作时，常常有人会这么提醒我。

此外，用脑子去记忆自己的日程还有一个缺点。那就是占用了大脑短时记忆的空间，让大脑的运转效率变低。短时记忆的容量非常有限，很快就能被填满。用这么有限的短时记忆区域去记忆日程表，实在是太大材小用了。

有这么一种说法：活在当下。这句话的意思是人既不是活在过去，也不是活在未来，而是活在当下的这一瞬间。这句话其实很好地抓住了时间的特性。你越是想要出好的成果，就越需要集中当下这个瞬间的精力去做事。

该集中精力的时候，即使你想起过去的种种，变得摇摆不定，也不会有什么意义，而费力去思考还没发生的事情，也不能解决任何问题。无需瞻前顾后，你只要专注于此时此地，然后给出答案。这就是"活在当下"这句话的意义所在。

不过话说回来,"专注于现在"是说起来容易,做起来难。为了专注于当下,我们必须将过去与未来完全抛诸脑后。而日程管理应该"忘却"的事情就是"过去"和"未来",让我们能专注于现在。

因此,我们不能用脑子去记日程,我们使用记事本来记录日程为的就是要让大脑从中解放出来。[①]

在这一章里,我会给大家介绍一些妙招,教会大家不去依赖"记性",而要依靠"笔头"。这些妙招保证"100%记录在案",包你不再担心,给你减压,提高你的时间使用效率。

[①] 我想一个拥有优秀秘书的社长肯定能专注于每分每秒,"漠然的不安"是阻碍我们集中精神的最大敌人。

时间整理术 17

记忆日程表无需亲力亲为

为了切实管理日程表，不出纰漏，我们需要下些工夫。

首先，有效地管理日程表需要电脑。因为日程表总是在变化，记录在纸上进行管理不方便对日程进行微调，也会对让人调整日程表产生抵触情绪。

为了能够有效地利用时间，我们可能需要频繁调整日程表。如果使用电脑，则可以轻松应对各种日程调整。但是在纸上调整日程表时，擦起来就很麻烦了。所以纸质记事本并不适合用来管理详细的日程表。

再者，用电脑管理日程表还有个好处是**可以选择显示形式**。显示一周日程表，还是一个月的日程表，都各有意义和用途。

如果不用电脑管理，我们就必须将日程表——抄写到记事本上相应的各页。而且你好不容易抄好了，如果后来需要调整日程表，你

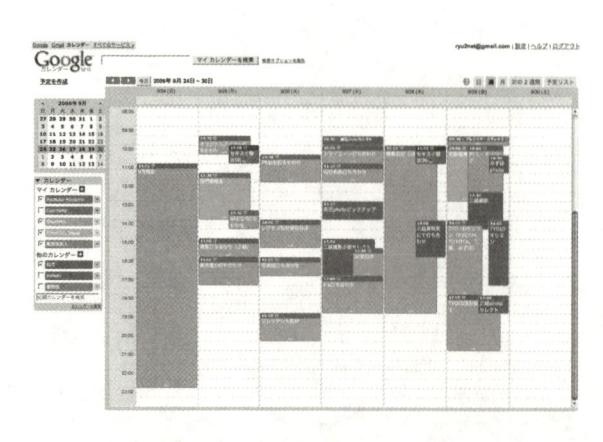

Http://www.google.com/calendar/

还得重复那样的操作。

说到使用电脑管理日程表，我推荐把日程记到 Google Calendar 等云服务上。你的日程数据被保存到云端服务器上后，外出时即使不用电脑，你也能通过智能手机或普通手机等终端设备进行确认。

而且，如果你预先设定好闹钟，还能通过电子邮件将选定的日程表发送到手机里。我一般设定为提前三十分钟发送邮件。这样我等于拥有了专属的个人秘书。

时间整理术 18
共享日程表

使用 Google Calendar 还有一个理由便是**可以把自己的日程发送给别人**，让个人日程表"可视化"。

大家即使长期在同一个工作环境下工作，有时候仍然会忽然想不起来同事或部下正在忙些什么。你明明正在冥思苦想企划案，别人却可能以为你正在做白日梦。

你老坐在电脑前面一动不动，也会有人误以为你在上网玩。为了消除这样的误解，我们还是公开自己的日程表比较好。如此一来，你的日程表就**不再是简单的备忘录了，更变成了一本业务联络帐**。

通过 Google Calendar 共享日程表

☐ 公开此日历　帮助
　　此日历公开后，也可显示在 Google 搜索结果中。
　　　☐ 只公开计划的大概时间表（具体内容不公开，不会被搜索到）

与特定用户共享

用户	权限设定
请输入电子邮件地址	阅读权限（所有计划的详细内容）▼　追加用户

在日历共享设定中，选择"追加用户"，添加共享成员即可。千万不能错选"公开此日历"！否则你的日历会被素不相识的人看见。

使用 Google Calendar 的话，即使涵盖了多人的日程表也能轻松调整。事先共享日程表，我们就能清楚谁现在有空，什么时候比较忙，无需一一询问确认了。而且在制作日程计划时选择"追加用户"，系统会自动告知相关用户这些计划安排。

使用纸质记事本的话，我们不能在别人的记事本里写写画画，这是很失礼的举动，而使用 Google Calendar 则能够替人代笔，输入日程安排。

时间整理术 19

怕丢脸，就把日程表填满吧

共享日程表还有一个优点是由于知道自己的日程表会被别人看到，所以我们会积极地去填写它。

你会觉得空荡荡的日程表是很丢脸的。如果你公开的日程表整整一天都是白纸一张，在别人眼中，你就是个游手好闲的人。

为了不被别人认为是吃闲饭的人，即使再细的工作，人们也会想要写进日程表。这样一来，我们便得到了一个更加详细的日程记录。

像这样向别人公开自己的日程表之后，**我们在《整理的艺术3》里推荐的妙招——"把耗时15分钟以上的工作写入日程表"便更添了一层现实意义**。人都有虚荣心，所以即使是小小的任务，也会想写进日程表的。

"把耗时15分钟以上的工作写入日程表"说的是将一般不记入日程表的文件制作、写企划案等任务统统写入日程表。判断写与不写的标准是"15分钟"。

这类工作一般不被写入日程表，所以容易被人无视，变成"隐形日程表"，并不断增多。然后它们会在任务截止日之前一点一点蚕食你的时间。让你快到任务截止日时，忽然发现"没时间了"或是"又得熬夜了"，但我们用这个方法不仅能将文件制作作为一个 ToDo 记录在案，还可以将需要的时间也写入日程表，避免此类"悲剧"的上演。

耗时只有 15 分钟左右的任务总会被人轻视，觉得太麻烦，没必要一一写入日程表，然后被一而再再而三地推后执行。

但是我们用 Google Calendar 与他人共享日程表后，出于不愿被人当做吃闲饭的人看的"虚荣心"，我们也会被这种本能驱使，逐渐养成制订计划的好习惯。向别人展示自己"怎么样？我很牛吧"，一定会让你感觉很爽。

就像这样，**在意他人眼光的虚荣心也能成为帮助我们养成好习惯的利器。**

时间整理术 20
将私人计划标为橙色

填入的日程越积越多，最后会变得密密麻麻，不易识别。为了用视觉把握更多的信息，**我们需要对日程进行分类，给不同类别标上不同颜色**。尤其是"未完成"和"已完成"的日程安排最好用不同颜色区分开来。

| 11:00
大野屋取材

14:00
清月堂取材 | 10:00
関西出張 | 10:00
Justrade打合せ

14:00
セコム打ち合わせ

16:00
演劇本部打ち合わせ（関西報告）

18:00
日経アソシエ打合せ | 10:00
BPJ打合せ

12:00
園光さん打ち合わせ

13:30
躍金楼（てっきんろう）取材

15:00
黒田さん打ち合わせ

16:00
サニーサイドアップ打合せ

18:30
Soul Workパーティ

21:00
執筆 | 10:00
部内ミーティング

13:00
斉藤打ち合わせ

15:00 - 三木さん打ちあわせ

17:00
三越打ち合わせ

18:30
Fresh Technology打合せ

20:00
大村さん食事 |

例如我们把工作计划标为蓝色，私人计划为橙色，用冷色调与暖色调的色彩来明确区分。如果能把学习和培训的时间标为绿色，就更完美了。（使用颜色过多，会给直观把握日程表造成障碍，因此**我觉得所用颜色的数量最好是在三个左右。**）

如此一来，面对一周的日程表，多少时间用来工作，私人时间是否太少，这些问题都能一目了然。

我们既不能用肉眼看到时间，也无法给它涂上颜色。然而我觉得时间是真实"存在"的，也是有"触感"和"色彩"的。[①]于是我用日程表来将这些东西都变成"可视"的。

这个方法虽然看似简单无奇，可用了之后你会发现你使用时间的方法会不断发生变化。因为这个方法能让你清楚地意识到时间的存在。

[①] 时间会给人一种特别的质感，这类质感叫做"感受性质（qualia）"。我们应该将这个概念带到工作和生活中去。

时间整理术 21

制定一周的日程计划

  日程表的基本长度是一周。我们回顾一周的日程表，便能发现这一周的模式。这种模式与工作效率和零压力项目推进都有很大关系。

  例如，"周一工作比较多"，"周二稍微有点空闲时间"，"到了周五会有收尾的工作"。如果我们脑子里对**一周的流程**有较清楚的意识，就能更加有效地管理日程。而且我们还能以这种模式为基础，制定相对固定的日程模式。这么一来，我们每周都能保持良好的工作状态。

  跟工作能力强的人聊天，我们会发现他们大多有自己的工作模式。他们经过了大量工作实践，总结出了一套自己的模式。

  例如做销售的人会有这样的情况："如果谈到这一步的话，下一步应该就是下订单签合同了"，或是"还仅仅是这个阶段，所以对方有可能会反悔吧"之类的。假如我们带着这种意识来工作，不仅浪费的无用功会越来越少，工作也能更加顺利地推进。

  确定一个模式的好处是可以**反复利用，熟能生巧，最后工作越来越有效率**。跟某位大厨聊天，让我感受最深的就是做手艺活儿人大多有这样固定的模式（原型）。这种模式是一种教育方式：想要学习一门技术的人成千上万次地重复这种模式，不断练习，直至熟练到能掌

使用了"原型"的教学方式

围绕"原型",通过三步掌握技能的方法

守 → **破** → **离**

模仿"原型",并掌握技巧。这步是承袭师傅的价值观。

独立思考,尝试与"原型"不同的做法。独立思考疑问,恶战苦斗,找出答案。

即使是下意识的动作,也能自然遵循"原型"的规则。跻身高手行列。

握技术。

在商业领域,这类能够成为教育方法的模型不太多。那位拥有二十年功力的大厨说自己现在仍会回归最基本的模式,复习巩固基础。让我不禁想到若是商业领域也有这样的模式就好了。

商界和餐饮界其实有许多相似之处——与时间息息相关。餐饮界需要配合四季变化烹饪各种美味,需要不断调整菜单和食材。商界需要配合时间变化调整处理的不是食材,而是各种信息资讯。

之后我想来找出一周的工作模式,掌握最佳商业模式。

时间整理术 22

星期一不会客

有时候觉得"这周忙死啦",有时候却觉得"觉得这周都不怎么忙呢"。我觉得这点很神奇。因为工作量并没有多大变化。可是忙碌的程度以及忙乱的感觉却是每周都不一样。**感到忙碌的程度不同,其原因在于每周一的使用方法不同。**

星期一是一周工作的开始。有人擅长起跑冲刺,这固然不错,但是工作总有个先后顺序,轻重缓急,如果我们企图从一开始就全力奔跑,到后面肯定会气喘吁吁的。

星期一最好是用来为有效利用一周时间做"准备"。**尤其是星期一上午是否制定好日程表。这是决定这一周是否"忙乱"的关键。**

因为把星期一上午空出来,我们才能游刃有余地处理工作事务。

具体来说就是星期一上午不要安排与客户会面。这是雷打不动的铁则。

既然是跟客户见面,那么事前准备自然必不可缺。如果约好周一见面,则需要在周五将一切准备就绪。但由于时间仓促,你很可能会忘这忘那,所以到了下周一早上,你还是得一大清早就来公司,在各种忙乱中进行准备。

再者,如果遇到不得不取消星期一会面的情况,周六日也不好跟对方取得联系，这也是个缺点。

　　有效率的做法是星期一安排开个公司内部会议，而非与外部进行会晤。可以开个内部会议共享项目的进行状况，或是优先安排时间进行信息共享。这对团队而言是一种重要的计划安排。

　　用餐饮来作比喻的话，那就是**应该将星期一的上午当做餐厅开始营业前的准备时间来使用。**

时间整理术 23
星期三尽量安排会面

与星期一不同，星期三是适合出门会客的吉日。上半周有时间，所以准备也充分。到了周三，工作速度也会加快，正是最有感觉的时候。所以很多情况下，周三适合进行详细的会谈。

况且下半周还有星期四和星期五，万一客户提出什么问题，也能快速应对。如果会谈安排在星期五，一旦有什么问题就只能留到下周解决，那就可能应对不及了。

如果你有很重要的会谈，最好安排在星期三。

一旦把会谈集中安排到每周的某一天，久而久之便会生出其他效果。这就是节约了路上的时间。

出去跟客户会谈后，要回公司是很花时间的。比起每次外出后再回公司，从一个客户那里出来后，直接去拜访下一个客户的做法更有效率。因此，我们把跟外部客户会谈的时间都集中安排到星期三，就肯定**能省下不少在路上的时间**。

按照这种方法利用星期三的时间，就能让我们一周的时间变得有张有弛，劳逸结合。比较星期一和星期三的自己，你会看到自己的另外一面。

如果用棒球作比喻的话，那么星期一就是防守阶段，星期三就是挥棒上垒的感觉了。切换攻守状态也是在切换自身所扮演的角色。每周每一天都集中精力扮演一种角色。**把对模式的认识与对自己角色的认识联系起来，可以让我们的工作变得越来越简单。**

时间整理术 24

星期五的晚上别去喝酒

星期五是回顾一周、反思一周的日子，是预测和安排下周计划的日子。因此说一周的效率取决于上周五的计划也不为过。下一周的工作其实是从星期五开始的。

比如我之前建议大家把耗时 15 分钟以上的工作都写入日程表中，**其实应该集中在星期五填写日程表**。一边跟日程表大眼瞪小眼，一边分配工作时间。

正因为星期五是一周最后的一天，所以我们能更清楚这周还有哪些未完的工作需要下周继续完成。我们需要考虑下周如何搞定这些未完的任务，然后将计划填入日程表中。

在星期五提前安排好下周的日程，这样一来我们就能毫无杂念地享受周六日的休闲时光了。反过来说，如果没有提前做好安排，你在享受休闲时，可能也会被"周一开始干的话，没问题吧"这种不安扰得心神不宁，好好的周末也很难玩得尽兴。

话说回来，"不觉得忙碌的状态"是一种怎样的状态呢？这并不意味着"时间多得没处花"，而是指时间不受阻碍，*潺潺流去*。

星期五是调整的日子，为的是让下一周的工作能顺利展开。善用星期五能帮你实现"不觉得忙"的生活。

时间整理术 25
将日程表模式设定为"重复"

正如我们前面看到的那样，创造一个日程表的模式，可以让你每周的工作顺利展开。

只是，尽管我们有意识地去套用这个模式，有时还是会忘记，然后填入其他日程安排。为了能够准确无误地实践某种模式的日程表，我们还是需要花些心思才行。

其中之一便是**事先在 Google Calendar 里输入需要重复的工作**。例如星期三下午是"跟客户会谈"，星期一上午与星期五下午是"业务准备"等。将这些安排输入日程表，并设定为每周重复。这样一来，我们会尽量不在这些特定时间安排其他工作。有了这一层心理约束，每周的工作就能按照固定的模式展开了。

这样一来，即使看了下一周的安排，也会因为工作模式固定下来而感到欣慰。就像在看电视节目表一样，我们可以很好地预测每周特定的时间会发生什么事情，做到心中有数。

当然，也许有时偶尔会发生点特别事件，不得不插入"特别节目"；有时会根据项目需求，进行"特别插播"。不过因此而产生的工作调整也是在可以预测的范围之内的。

创造了这种固定模式后，我们的生活会变得规律起来。最重要的

最理想的日程表

Mon 星期一	Tue 星期二	Wed 星期三	Thu 星期四	Fri 星期五	Sat 星期六	Sun 星期日
本周的准备		会见客户		下周的准备		

是这种模式是由我们自己设计的。这点会让你的生活发生重大改变。以前你都不太注意计划安排，一周的时间就在不经意间流逝。而现在你会对时间的流逝有更清楚的认识，然后积极地思考，下工夫去管理自己的时间。

再打个比方，这既和铃木一郎调整身体做好击球姿势的过程相同，也跟职业高尔夫球手调整挥棒姿势的过程是一回事。找出自己的模式，并且不断改进，精益求精。在这个意义上时间管理与这些球类运动是没有区别的。

如果说职业体育选手是使用身体的专家，那么营销人员则应该成为使用时间的专家。这与"模式与创造性"这个题目也是息息相关的。[1]

---

[1] 日本的传统艺能在重视"模式"的同时，以此为基础进行了创新发展。这是因为其"模式"并未成为创造力的桎梏，反而能够刺激新的创造力。

时间整理术 26
以两周为单位调整会谈预约安排

把握一周的流程固然重要，但还有一个重点在于**意识到一周之末与下周之始之间的"联系"**。这里我们需要以两周为单位，进行日程表的管理。

因为如果某件工作涉及其他公司的人员，**很多情况下都是以两周为标准来制定日程计划的。**

例如我们去见某个人的时候，预约的时间一般都不安排在本周，而是下一周有空的时间。这样一来我们就有必要把下周安排也纳入视野，而不是只看本周的安排如何。

有了这些预约安排后，只要我们将本周和下周时间进行比较，适时调整日程表，就能合理安排这两周的日程，将忙碌程度维持在一个合理的状态。这里的重点是前文提出的星期一、三、五。我们只要边确认下周的星期一、三、五是否遵循了上周的模式，边进行日程调整就行了。

时间整理术 27
用软件为工作计时

我们度过了这样充满节奏感的一周后，可以回过头来看看时间的实际使用情况，这时 Toggl 就能帮到你。它是一种记录工作时间的工具。只要事先输入你的项目，你就能在完工时回过头来看看到底使用了多少时间在该任务上。

它的用法很简单。只需开工时按下开始键，完工时停止计时就行。它也有支持 iPhone 和安卓系统的 APP，所以即使手边没有电脑，也能随时计时。

如果我们把这种应用程序记录下的时间按照一星期或一个月为单

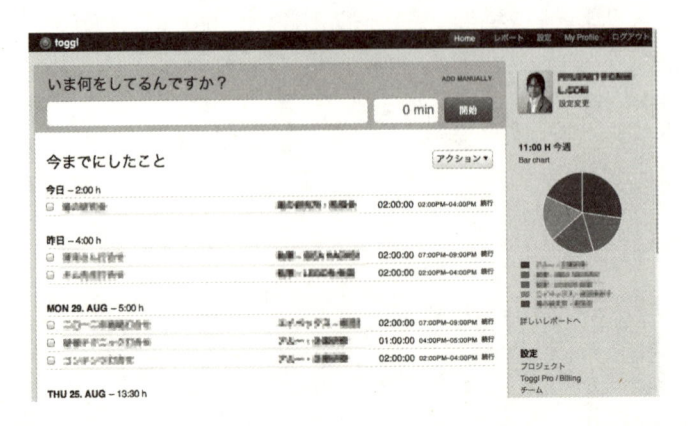

Toggl用饼状图来显示时间分配状况，因此我们能一眼分辨出哪项任务最费时间。

位累计的话，就能知道每个项目大概花费了多少时间。分析结果显示为饼状图，所以时间的分配状况一目了然。

我们像这样回顾每个项目的时间使用情况，就能掌握进行某些具体操作所需的时间，从而提高时间预测的精确度。

时间整理术 28
以 25 分钟为工作单位的番茄工作法

为了能够对每小时的生产效率作出反馈，除了计时工具，我们还需要另外一种方法的支持。这种方法是事先决定好时间单位，然后确认在单位时间内完成的工作量。

其中有个很有名的方法是"番茄工作法 (Pomodoro Technique)[①]"。它的做法是以 25 分钟为单位来工作，每工作 25 分钟休息 5 分钟。由于我们强制自己以 25 分钟为单位工作，所以可以很轻易地对每个单位时间内的工作量进行比较。

这里需要强调的一点是把时间进行分割，然后对其产出进行评价。我写书时就会使用这个方法。我的方法是将每 30 分钟的写作量记入 Excel 表中。

这么一来便可以随时掌握当天的工作状况了。我一般以 30 分钟写 1500 字为大概标准。如果没有达到这个数量，我就知道现在"状态不太好"，可以对自己的工作状态有个清楚的认识。

像运动选手那样对自己的状态进行反馈，这不仅能帮我们客观地把握自己的状态，也是一种认识自我的有效方法。

[①] Pomodoro 在意大利语里是番茄的意思。这种工作方法得名于番茄形状的计时器。市面上也有销售番茄工作法的 iPhone APP。

时间整理术 29
在可能会拖长的会议后面安排外出计划

就算我们好不容易构建了自己的模式，也总会因别人的行动而被打乱。最典型的扰乱因素就是耗时较长的公司内部会议。有些会议总会超出预定时间，越拖越长，不知什么时候才能结束。你的时间就这样被无辜地蚕食掉了。

当然这种耗时较长的会议有时也很必要。比如头脑风暴的会议，这类会议需要彻底发散思维，绞尽脑汁提出好点子，所以很难在短时间之内开完。但是尽管如此，我们也绝不能说会议无休止地延长下去就是件好事。

对付这种会侵蚀时间的会议，我们的策略是在会议后面约客户见面。

只要在会议开始时跟大家打个招呼说"我待会儿约了客户见面，所以×点就得走"，其他与会人员就会尽量赶在你说的那个时间点前把会开完。

如果会议还是延长了，你也能中途退场，之后再跟同事确认会议讨论状况和结果即可。从我的经验来看，都已经按照原计划开了这么长时间的会了，结论也该有点眉目了。即使拖长一点时间，最后也不会跳出个新结论将前面的讨论完全推翻。所以即使中途退场，也不会有什么问题才对。

时间整理术 30
留出点时间约见自己

也许有这样的人，他们制定了一周工作的模式，也能从浪费时间的长会中成功逃离出来，却仍旧无法摆脱忙碌的工作。

他们每天都约别人会面，在忙乱中身不由己地被工作推着往前走。结果弄得周六日也得干活，平时也得加班到末班车的时间。久而久之，人就被工作击垮了。

如果上司给你安排了那么多的工作量，可能真的没法早回家吧。

这时我向大家推荐的方法是**留出点时间跟自己会面**。

习惯于日程表管理的人一看到空白处，就会有种想要填满的冲动。结果弄得完全没有时间来考虑自己的事情了。

一直加班到末班车的时间，也不能说一定是坏事。如果你完全沉迷于工作之中，即使这么加班也不会觉得累。而且有时我们也需要用这种高强度的方法来完成一些任务。

有问题的只是我们做了这么多的工作，居然没有给自己留出点"三省吾身"的时间。这里说的是光把时间留给别人，而不分给自己的情况。

这时我们需要在日程表中留出点时间来约见自己。特别是忙得没有时间反思的时候，留出那么 30 分钟的时间给自己，去跟原来的自己约个会。你需要做的就只有这么多。

	ToDo	日程表
管理的时间	此时此刻	不远的将来
比作"音乐"	节奏	旋律
比作"文章"	单词	故事
目的	埋头于现在该做的事	制定合理的工作流程

这段时间是专属于自己的时间，无需分给他人。在这段时间里，我们可以反思下自己现在处于什么样的状态，也能思考将来需要一步步完成些什么，对未来进行长期展望。

需要注意的是自己要有意识地给自己留出一点时间。并不是碰巧有时间了才做，而是自己主动地为自己保留一点时间。这样一来，即使是容易受别人影响的日程，我们在调整时也能为自己打开一扇自由的窗。

时间整理术 31
把握生活的节奏与旋律

人们经常说要让生活富有节奏感。有了节奏之后，生活的确能变得有张有弛。

但是仅是如此的话，未免过于简单，不太适用于工作。仅靠"早睡早起"这样的节奏感是没法出色完成工作的。

我们还需要再深入一步，在此基础上添加一些旋律才行。于是我们以七天为一小节，谱写"一周流程"的旋律。关于这个方法，我们在前面已作了介绍。

那么我们如何才能演奏美妙旋律呢？这就是能出色完成工作的妙招。我们不应仅凭一股冲劲盲目冒进，而是需要清楚地意识到每天每个时间段需要完成什么工作。这样事情才会朝好的方向发展，工作也能顺利地进行下去。

我跟大家分享了一些妙招，帮助大家编排如美妙旋律一般的日程。请大家也来动手实践一下，试试如何演奏每一周、每个月的美妙旋律。

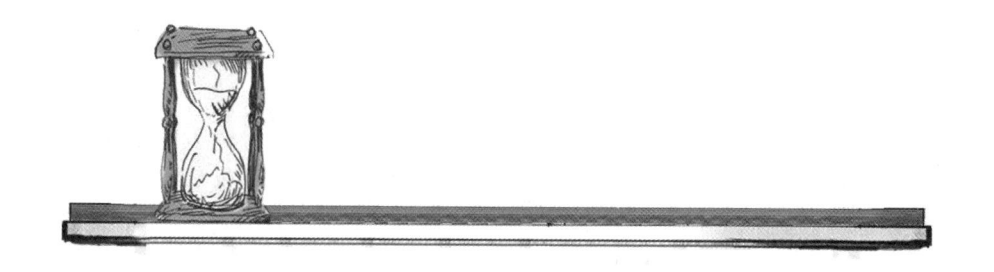

Chapter 3 时间效率妙招

爵士乐型集中力与迷幻音乐型集中力

时间整理术 32

牛顿时间和柏格森时间

我们假设要做一小时的工作。有时我们会不禁问自己这样一个略带点哲学味道的问题：这一小时和别的一小时是一样的吗？

吃完午饭之后的一小时和截止时间迫在眉睫的某个上午的一小时，其时间密度是完全不同的。**同样是一小时的时间，给我们的"质感"却是不同的**。在这个部分，我想向大家介绍的妙招需要大家在做计划的时候以"体感时间"为标准，而不是以"物理时间"为标准。

物理时间可以客观地测量，对任何人而言都一样长，我们称之为"**牛顿时间**"。正如万有引力在任何地方作用都是相同的，这个牛顿时间无论对谁而言都是相同长短的时间。

但是另一方面也存在着主观的时间。

例如暑假朋友们都去旅行了，你只能一个人孤单地度过一个下午。这时在自己庭院里无所事事的时间是怎样的时间呢？跟朋友一起玩的时候，时间总是飞快地过去，而现在无聊得就连时钟的滴答声都能听得一清二楚，感觉每分每秒都过得如此煎熬。

我们借用了一位一直研究时间的哲学家的名字，称这种时间为"**柏格森时间**"。

在工作上也是一样。如果你觉得时间都是均匀地流逝，那么你可

牛顿时间	柏格森时间
客观的	主观的
社会的时间	儿童的时间
时间浓度稳定	时间浓度不定
混吃等死的时间	专心致志的时间

能会忽略一个重要的东西——**"浓度"**。

如果你做事毫无章法、不得要领，那么一天的时间也就这么白白流走，而你却什么都没做成。但是如果我们能像孩提时代那样沉迷于某件事的话，时间的浓度应该会增加，你的产出也会骤然增大。这世上能留下丰功伟绩的人，对工作都像孩子一般沉醉其中。

一天确实只有 24 个小时。我觉得这对所有人都是公平的，但这只是牛顿时间。

而实际上面对同样的 24 小时，有人能度过一个"浓密"的 24 小时，也有人虚度光阴，一事无成。 考虑到时间的浓度，我相信即使是同样的 24 小时，也会因人而异，产生两倍甚至三倍的差距，这就是柏格森时间。

时间整理术 33
在开工前搞定当天的工作

为了实现这种柏格森时间，你首先应该知道"**每天能够集中精力的时间为两小时**"，因为两小时是能维持精神集中的最大时间。

电影时长是两小时，体育也是这样，我想体育选手也很难保持精神集中两小时以上吧。

问题是这两小时放在一天的哪段比较好。其实放在上午是最好的，而且是开始一天工作之前。如果提前两小时到公司的话，我们就可以不受电话干扰，集中精神干活。

如果说得极端一点，**我们甚至可以在开工前就把这一天的工作搞定**。

当然可能也有人喜欢把精力集中的峰值阶段安排在下午。这里重要的是靠自己来把握精神高度集中的阶段。如果事先了解自己在某段时间能够保持精神高度集中的话，我们就能把需要集中精神去做的工作安排在那个时间段了。

但是很多人却白白地把这么宝贵的两小时用在别的事情上面，实在是暴殄天物。最不应该把这两小时浪费在哪些事情上呢？下面是排名前三的事情：①**计算经费（单调的工作）**，②**形式上的会议**，③**上网冲浪**。

①计算经费这类单调的工作,如果我们养成了有节奏的工作习惯,这类工作是很容易集中精神去做的,因此这类工作最好是放在没法集中精力的时候。我们还能通过这类工作将精神集中起来。从这个意义上来说,当我们能够很容易地保持精力集中的时候最好不去做这类工作。

②形式上的会议是用来休息大脑的。我采访过某个杂志的编辑,他说:"工作能力超强的人甚至能在会议上睁着眼睛睡觉。"闭上眼睛是肯定不行的,所以就保持眼睛大张,但脑子的运转是停止的。用这个方法来休息。走过场的会议无需使用大脑,所以最适合用来休息大脑。

③上网冲浪是最不需要集中力的行为。即无需集中精力看页面,也无需认真阅读网上的信息。思考只停留在表层,注意力也非常涣散。不过如果你想放松心情的话,这是个不赖的选择。所以如果你只是想要休息一下的话,上上网也不错。

顺便一提,听说黛安芬国际(日本)公司(Triumph International Japan)规定了一个"**加油时间**",让全公司员工能够集中精神投入工作。在这段时间内,无论是聊天还是电话,甚至是在公司内部走来走去都是被禁止的。时间从 12 点 30 分到 14 点 30 分结束,共有两小时。**找**

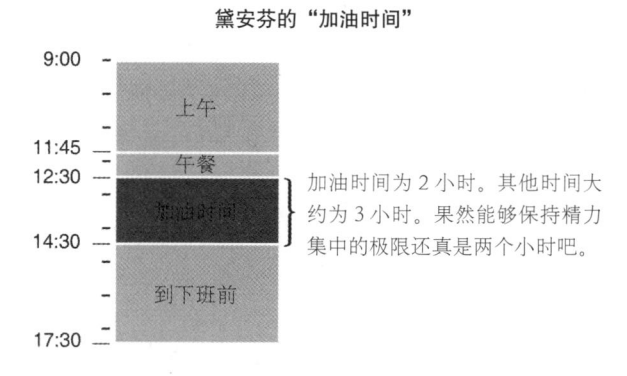

黛安芬的"加油时间"

9:00 – 11:45	上午
11:45 – 12:30	午餐
12:30 – 14:30	加油时间
14:30 – 17:30	到下班前

加油时间为 2 小时。其他时间大约为 3 小时。果然能够保持精力集中的极限还真是两个小时吧。

个效率最容易降低的时间段，大家一起下定决心，集中精神，投入工作。据说这时他们的办公室里鸦雀无声。

把需要集中精神的时间放到午餐后，**将一天的时间分为"上午"、"加油时间"、"到下班前"三段，大家的时间意识也能随之提高。**你要是动了念头想要稍微休息一下，时间就会在不知不觉间飞逝，结果一个上午什么都没干就过了。上午精神比较容易集中，所以大胆试着下午一开工就进入"加油时间"。从一整天来看，也许是非常有效率的。

时间整理术 34
戴上眼罩，调整呼吸

需要超强集中力的运动员在关键时刻用控制呼吸和视野的方法来让自己集中精神。这种提高集中力的妙招大家一定要用用看。

首先是呼吸。让我们一起来有意识地进行腹式呼吸运动，吸气时让腹部鼓起。使用了这种呼吸法，**你的心情会逐渐平静下来，也能慢慢赶走杂念**。做公开报告时，这个方法能帮你消除紧张情绪。

此外还有一种有趣的方法是逆腹式呼吸法。这种方法吸气时收紧腹部，吐气时将腹部鼓起。也是一种非常有效的方法。这种腹式呼吸法的感觉很奇妙，也能让人心平气和下来，所以我自己也在用逆腹式呼吸法。

接下来是视野的问题。其他东西进入视野后，人的集中力总会不由地涣散。或许**当你想将精神集中到某件事情的时候，最好的方法是让自己的视野变得狭窄一些**。

这时我们要将视野缩小到工作范围内，光凭这个我们的集中力就会有很大的提高。如果你还想更加聚精会神地进行思考，那么也可以戴上眼罩。视线被完全遮住之后，杂念也会随之消失。这是一种强制提高集中力的方法。

要是再带个耳塞，那就完美了。

在《整理的艺术3》里也介绍过的泰普尔（Tempur）公司的眼罩。戴起来的感觉超棒。

我们就是用这种方法来极尽所能地减少外部信息的入侵。这样一来，我们的大脑便能集中到某件特定的事情上了。

这种提高集中力的方法其实是有科学依据的——人的大脑常常会根据接收到的信息进行预测。

某个电视节目上介绍了这样一个实验。让一个人说"哒——哒——哒"，然后给这个画面配上"吧——吧——吧"的声音。于是，我们只听声音的话，确实是"吧——吧——吧"。可是配上画面后，总觉得自己听到的像是"哒——哒——哒"。

闭上眼睛一听，确实是"吧——吧——吧"的声音。没想到一睁开眼睛后，忽然感觉声音变成了"哒——哒——哒"。

也就是说人在日常生活中，首先靠看见的东西来进行预测，而非实际听到的声音。换句话说就是从视觉获取的信息会对大脑的判断产生很大的影响。

所以还是果断遮挡住眼睛比较好。这样的话**大脑的预测功能才能不受干扰，正确发挥作用，我们才能真正将精神聚集到需要思考的事情上。**

时间整理术 35

占领会议室，大玩"会议障眼法"

我为了让自己的大脑能够专注于工作，进行了很多次试验。在这个过程中，我发现了一个困扰，就是电话的声音总会影响我的工作。

如果是营销部门的话，跟人打电话是工作节奏的一部分，也许不会觉得有影响。但是对于做企划的人来说，当你正在专心致志思考时，一声电话铃响是多么的烦人。一旦**被电话打断思维，再想找回当初的集中力可谓是难于上青天了。**

最近有种既做销售也做企划的工作，叫做"企划销售"或"咨询销售"。虽说是做营销的，却也需要花时间专注地去做企划的工作。于是**"如何逃离电话的魔掌"**成了一个很大的问题。

其实"逃离电话魔掌"最好的方法就是离开有电话的办公室。

你可以去咖啡厅和酒店大堂，也可以逃到图书馆的阅览室。当你被包围在一群勤奋学习的人中间，你也会不自觉地集中精神去干活了。

还有个方法是**"会议障眼法"**，这是别人告诉我的方法。某个部门定了一个时间，全员都去会议室。如此一来，在别人眼里，他们看起来都在开会。但实际上该部门的员工都在各忙各的，认真写着企划书或是集中精神干其他工作。

有了这个集中精神攻克某项任务的方法，我们的效率会得到很大提高，而且提高的幅度应该会超出你的想象。**躲进会议室，默默地干活。**如果你手上有这样的权限的话，请一定要试试看。

时间整理术 36

动手打扫，提高集中力

虽然前面说了可以用限制视觉或听觉的方式来集中精神，可事实上我们很难将之付诸实践。开会的时候我们也不能"不闻不见"，所以我开始寻找一种更好的方法，让我们在限制视觉和听觉的时候，也不会被别人说三道四。最终我找到的方法是**单纯操作**。

想要排除杂念，提高集中力，最值得推荐的单纯操作是打扫办公室。当你觉得无法集中精力的时候，就可以开始打扫办公室了。

吃完午饭昏昏欲睡时，最好动手打扫打扫。从办公桌上面开始，到桌子周围，资料架。如果是做清洁的话，你可以堂堂正正地去做，也不怕有人会说"那家伙在干什么呀"。然后在做清洁的时候，耐心等待集中力的回归。

日本电产株式会社的永守重信社长在并购重整业绩不良的公司方面非常有一套。据说他在兼并的公司做的第一件事就是贯彻 6S 的做法。即整理、整顿、清洁、清扫、

抽出一张湿巾在办公桌上擦上一擦，心情也会随之开朗起来。

礼仪、教养[①]。他通过在公司内部渗透这个理念，来提高公司内部的工作激情和员工的道德水准。

做清洁本身也有其作用。**它不仅能让办公室变得整洁一新，也能让个人集中精力，还有重整和激励团队的效果。**

空气喷雾喷一喷，垃圾杂念去无踪。

另外希望大家也能在清扫工具上下些工夫。

首先推荐使用湿巾擦桌子。擦拭办公桌时，你需要上下左右反复运动你的手臂。稍稍活动一下筋骨，会让你心情舒畅起来。

然后是空气喷雾。喷雾的声音听起来也让人心旷神怡。办公桌上的尘埃一扫而空，心情也随之爽快起来。

使用滚轮型胶带清理办公室地毯。手拿滚轮，这里滚滚，那里粘粘。动作虽然简单，却可能让你自然而然地情绪高涨，甚至还会让你情不自禁地哼上一段小曲。

请大家拿上各种清扫工具，试着干点"粗活"，调节自己的情绪。

[①] 这六个词在日语里发音都是S开头的。——译者

时间整理术 37

巧用"暂存箱",省出更多时间

既然说到了做清洁的话题,那么我也顺便也提一下办公桌的整理妙招。正如有人曾指出的"人有八成的工作时间都是在找文件",人们确实会浪费很多时间在"寻找某件东西"上。为了防止这种情况发生,整理办公桌的任务就必不可少。

我感觉很多人都会说"这种事地球人都知道!"可能也会有人反驳说的确想整理,可总是抽不出时间来整理。事实确实如此。

但其实正因为你想要去好好整理一番,才会变得无从下手。这个观点很意外吧。如果我们不抱着要好好整理一番的心态去收拾东西的话,办公桌反而是很好整理的。

这种说法可能听起来很玄乎,但其实从结论来说,就是不做分类整理,只管收纳即可。**办公桌上堆满了文件,这并不是因为这个人自由散漫。反而是因为他们太过认真,总觉得"必须好好收拾一番才行"**。其实当你面对堆积如山的文件时,不用多加整理,只管扔进箱子就是。只要把文件都收到一起,桌子上自然就清爽整洁了。

堆积在办公桌上的文件大多是还来不及整理的**缓冲信息**。这是没问题的。有问题的是你把这些缓冲信息都堆到桌子上了。请大家将办公桌上堆积的文件都放进一个文件箱里试试。只是放进去而已,不需

来不及整理的"缓冲文件"暂时统统扔进文件箱,如此简单的操作就能使桌面焕然一新。

要整理,然后你会意外地发现办公桌一眨眼就清爽了。

当然这么做只是将文件暂时转移到其他地方存放而已,但你不可否认文件都统一集中到一个地方了。这点是很重要的,你只要一看这个箱子,就知道里面放的是尚未整理的信息。把文件放进这个箱子里比起胡乱堆在桌子上可让人安心不少。我决定给这个箱子起名叫做**"暂存箱"**。

等到缓冲文件堆积太多,暂存箱都放不下了,我们再慢慢整理也不迟。

在干净的办公桌上整理文件让人心情舒畅。所以**我们应当尽量确保办公桌是工作的平台,而不是堆放东西的仓库。**

时间整理术 38

不要企图一次就把硬盘整理好

就像这样，我们有一些懒人专用的整理方法。所谓的"**懒骨头原则**"有个特点，便是能够在顷刻之间把东西收拾干净。

我们也可以用类似的方法对待存在电脑硬盘里的东西。接下来我向大家介绍一种硬盘整理术，让你随意动动手，就能高效地管理电脑文件。

首先我们把文件分为三类：①**文件流（flow）**、②**存库文件（stock）**、③**参考文件（reference）**。

文件流指的是当前正在进行的项目文件，其中经常会有新文件进来，也会有文件被更新。

存库文件是指与已经完成的项目相关的文件。这些文件大多不再需要更新。

最后参考文件指的是在存库文件中，有些能够经常用到的参考信息。调查数据或文件的模板等都属于这类文件。

我自己创建了三个文件夹。文件流的文件夹为"Project"（项目），存库文件为"Completed"（已完成），参考文件为"Reference"（参考文件），然后在其中再创建每个项目的文件夹。

例如我在"Project"的文件夹中创建了"new product"文件夹，

收纳之后再慢慢整理

Project 文件夹

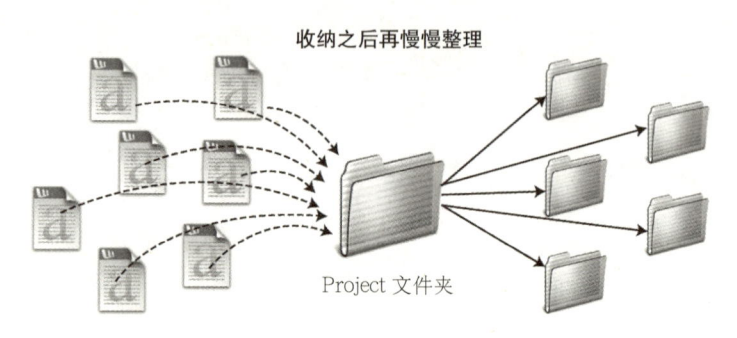

不需要先整理排序再收纳，而是先收纳起来，等有时间了再整理排序。这是野口悠纪雄先生在《"超"整理法》（中公新书）中提倡的概念。

用来装与开发新产品相关的文件，用"Book"文件夹来装与写书相关的文件。

这样一来文件夹便准备就绪了。接下来是如何运用了。

我们把电脑桌面用来放缓冲文件。与实际使用的办公桌桌面不同，我们无需太过神经质地去进行整理。

但是电脑桌面的文件放得太满，就会有文件变成迷途羔羊，所以我们需要对文件定期进行收纳。反正**不动大脑**，全都往"Project"文件夹里扔就行了。"不动大脑"这点非常重要，说的就是只管收纳即可。

接下来我们将扔进"Project"里的文件分别放入各个项目的文件夹中。这便是一种整理。不用着急马上进行整理，有空再做也为时不晚。只要把整理所需的时间安排到空闲的时间段即可。

这里使用的"懒骨头原则"是分阶段进行复杂的操作。当我们把某个文件放入项目文件夹时，会产生两种判断。

一种是判断这个文件是流动（flow）的信息，还是参考信息。这是非常简单的判断，可以立即下结论。

接下来进行的判断是辨别这个文件属于哪个项目。这个判断较之前者，有点复杂。不过只做这个判断也不算是很难的事。

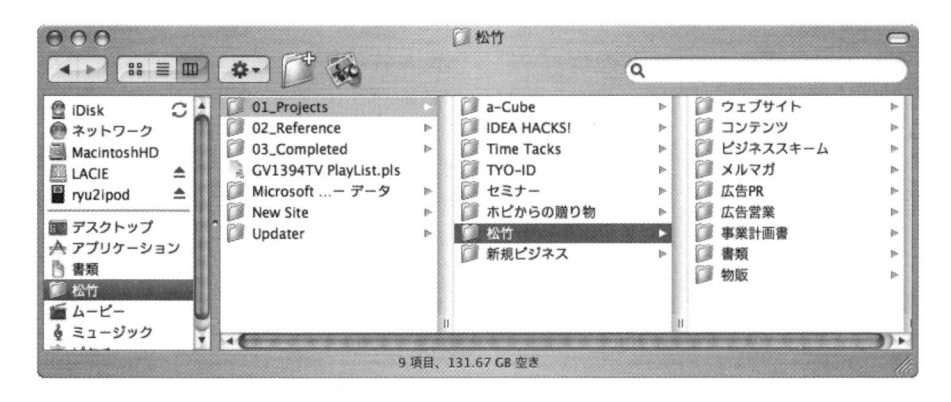

将文件分为文件流、存库文件、参考文件三大类来管理。

即使项目文件夹中还有更小的文件夹，之后的操作也大抵相同。首先是将小文件夹扔进手边的母文件夹中，然后再进行分类。

我们就像这样，**把单个文件放入文件夹时所做的判断不断细分，将复杂的判断过程变得简单，从而进行整理**。如果每个过程都变得简单，即便你是个懒骨头，也很容易上手操作。但如果你打算一次性就搞定这么大的工程量，想必马上就会感到压力很大吧。

时间整理术 39

用"懒骨头原则"整理名片

另一个运用了"懒骨头原则"的整理术是名片整理术。认识的人越多，手上积累的名片就越多。最不能做的事情是把手中的所有名片都保存到电脑数据库里。它会花去你很多时间和金钱，却没有太大用处。

首先一个问题便是**将名片信息输入电脑时，总会产生时间滞后的问题**。原本越新的名片越是重要。可输入电脑时，我们总喜欢按照时间顺序，先输入先收到名片，再轮到新收的名片。所以，遇到来不及将新名片信息输入电脑的情况，我们就得拿着那些纸质名片四处奔走了。这么一来，这种做法就失去意义了。而且每次收到名片，我们就会想"得赶紧输入电脑"，这种紧迫的感觉相信也不是多舒服的吧。

此外，还会发生另一种情况——输入名片数据库的数据越多，**找起名片来就越花时间**。由于输入时未加区别，把经常联系的人与很少有来往的人都输入同一个数据库中，导致这种数据库用起来相当不方便。

虽然这里说的不是帕累托法则[①]，不过一般来说重要的人只占其中两成，而剩下八成的人大多是不怎么联系的。

[①] 是由19世纪末20世纪初意大利经济学家帕累托发明的。他认为，在任何一组东西中，最重要的只占其中一小部分，约20%，其余80%的尽管是多数，却是次要的，因此又称二八法则。

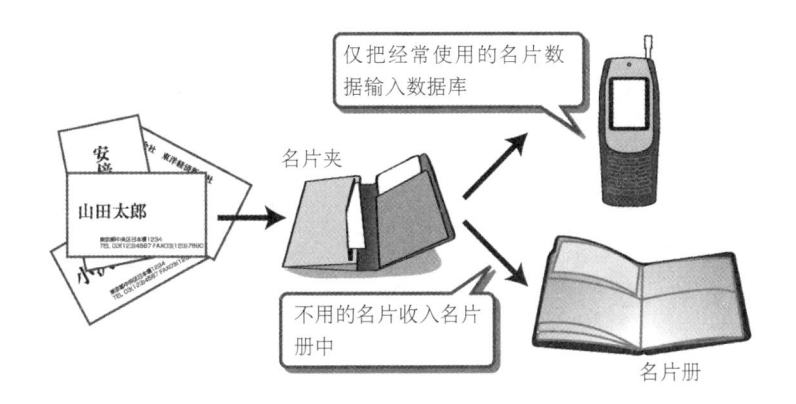

所以这时登场的"懒骨头原则"就是**下定决心"绝不整理名片"**。需要用到的名片不要输入电脑，最好是随身携带。这样做既方便又安全。除了准备一个名片夹用来装自己的名片，我们还需要准备另一个名片夹，随身携带。

名片的放置顺序是把最近刚联系的人放在最上面。这样一来，不怎么联系的人的名片就会慢慢地被挤到后面。然后找个合适的时间将之取出，放进抽屉的名片册里。这样一来，我们便能从管理名片的压力中解放出来。

如果你认为在这堆常用名片中会出现频繁联系的人，但又不想每次联系他时都要费力去把名片夹拿出来查看，你就可以把这张名片上的信息输入到数据库中了。

具体来说就是手机的通讯录。**在将名片信息输入数据库的时候，我们只需输入经常联系的人的信息即可**。而且还要用随身携带的手机来充当这个数据库。

只有经常使用的那些数据才有资格进入数据库，这便是符合"懒骨头原则"的高效整理术。

时间整理术 40
午饭总要剩一口

读到这里，我想大家应该注意到一个问题了。那就是**集中力说的并不是精神力的问题**。

就像小孩子热衷于某个游戏一样，那种自然发生的集中力并不是单纯依靠精神力而产生的。这种也可以称之为"热衷力"的超强集中力跟人所处的环境有着很大关系。

为了发挥这种集中力，我们还需要完善身体环境。其完善的关键要素之一便是午餐。

一旦午餐吃多了，几乎所有人都会丧失集中力。我对吃货对美食孜孜不倦的追求深表理解，不过我还是希望你在面对美食诱惑的时候，毅然决然地忍住馋欲，留下一口不要吃掉。如果你觉得毫无理由地剩饭是种罪恶，那么就假装自己是在减肥吧。只需少吃一口饭，就能使下午的集中力提高很多。

如果我们将这种控制饮食，提高集中力的方法再向前发展一步，就进化成了我最近发现的新方法——"**断食半天**"。这个方法是不吃早饭，维持空腹状态，由此提高精神集中力。

这个点子的灵感来源于佐佐木俊尚先生。他在电子杂志中介绍了断食道场的话题。其中提到用断食的方法来激活大脑，"阅读速度可以很轻易地提高到平常的两倍"。

以我的日程表来看,连续断食数日还是很难实行,所以我开始寻找新的方法,并最终找到了现在的方法——不吃早饭,断食半天。但我在亲身实践之后,发现空腹的感觉太痛苦了,所以改良了一下方法,变成只喝蔬菜汁了。现在我只需要喝一杯蔬菜汁就能搞定一个上午。

所谓饮食,其实是把异物带入体内。身体为了吸收这种异物,需要耗费相当多的能量。每次吃完饭后都会觉得倦怠,这是事实。

我们不能一大早就让自己的身体倦怠下来,所以要通过不吃早饭来提高上午的精神集中力。断食半天就是这种通过控制饮食来提高集中力的妙招。

时间整理术 41
分别使用两种集中力

精神集中力实际上有两种。

一种是之前介绍过的,在进行单纯操作时的集中力。这种集中力是有节奏的,类似于"出神(Trance)"状态。在这种状态下,我们阻隔了外界信息的刺激,不断循环内部信息。

这种出神状态的集中力适合一个人进行的操作,或不需要复杂判断的情况。我在网站制作公司工作时,曾经常参加这种状态的工作小组。这种状态也被称为"祭祀",正如宗教祭祀时的"出神"状态。这种集中力常伴有一种快感。

另一方面,还有一种与此不同的集中力。这是一种出奇冷静、沉着状态下的集中力。

据说某个柔道选手在比赛时,在密切观察对手出招情况的同时,心境非常平和,就连台下声援的声音都能听得一清二楚。最神奇的是视野,他虽然紧盯着对手的眼睛看,却不知为何连对手身后的影像画面都能看得真真切切,他感觉自己的视野莫名地扩大了。

著名排球二传手田中久美曾说,她在传球的瞬间真真切切地看清了本来不应看见的对方场地的状况。

我自己在高中的时候打过手球,也遇到过这种情况。当我想避开对方防守扣球的时候，身体是反着的，看不见对方的防守队员。但是不知为什么，我却清楚地知道对方守门员的手伸得有多高，能够避开守门员的手去射门。虽然是背对着球门，却还是成功进球。感觉这段时间的经过都像慢动作播放一样，就算比赛结束后再回忆，当时的一点一滴也能清晰浮现在眼前。

这里起作用的集中力跟刚才所说的"出神"状态的集中力截然不同。它非但没有限制我们的视野，反而让我们的视野无限扩大，就连视野外的信息也能毫不费劲地接收到。那么这时候的集中力又是何方神圣呢？

实际上剑豪宫本武藏对这种集中力赋予了特别的名称——**"见之目，观之目"**。

所谓"见之目"指的是集中到某一点的视线，这种视线使用了"出神"型集中力。而另一种"观之目"则是能够全面把握全局的广阔视野。宫本武藏认为对敌时不应只使用集中关注对方某一点的"见之目"，而建议使用能够把握全局的"观之目"。这么一来，我们就能够让自己随时应对突如其来的攻击。

换句话也可以这么说。"出神"型的集中力可以帮你"忘记时间的流逝"，而另一方面，"观之目"的集中力可以让某段时间停止，或让某段时间的过程变成慢放效果。

这种类型的集中力一般作用于具有很强不确定性的情况及需要高度判断力的场合。宫本武藏所经历的那种生死决斗自不待言，就算是在销售战场上，我们也会遇到无法判断下一秒会有什么状况发生的时候。此时我们需要的就是这种集中力。

顺便一提，据说有一位爵士钢琴手在采访时表示看了宫本武藏的《五轮书》后，颇有感触。

如果刚才提到的"见之目"的集中力是迷幻乐类型的集中力的话，

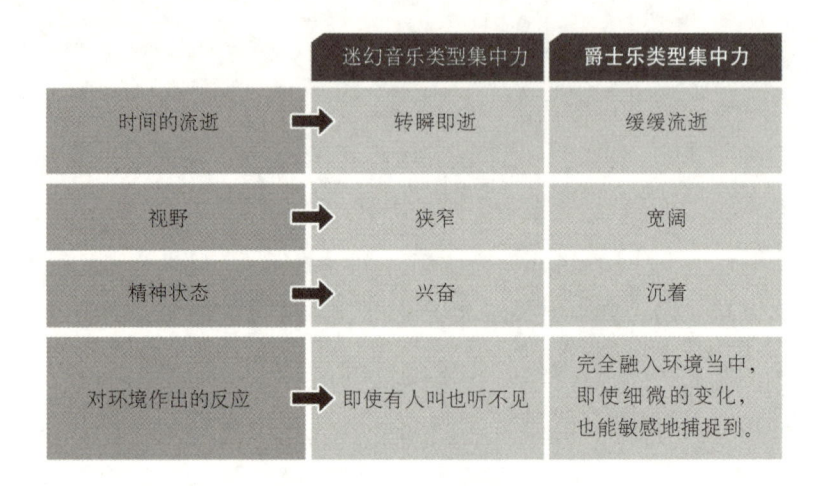

	迷幻音乐类型集中力	爵士乐类型集中力
时间的流逝	转瞬即逝	缓缓流逝
视野	狭窄	宽阔
精神状态	兴奋	沉着
对环境作出的反应	即使有人叫也听不见	完全融入环境当中，即使细微的变化，也能敏感地捕捉到。

那么"观之目"的集中力也许就与经常需要即兴演奏的爵士乐有异曲同工之妙。处于这样的想法，于是我决定将后面这种集中力命名为"爵士乐类型集中力"。

时间整理术 42
在出神状态下写邮件

回复电子邮件的时候，用出神状态的集中力比较适合。在短时间内搞定大量邮件是提高回复邮件效率的一个关键点。因此我们最好不要总去确认有没有新邮件，而应该在某个规定的时间内，先将其他事情抛诸脑后，然后专心致志地确认和回复邮件。这样你的效率一定会有很大提高。

假如我们必须给十封邮件回信。如果回一封邮件要花 3 分钟，则总共需要 30 分钟的时间。但如果我们集中处理这些邮件，就能做到 1 分钟搞定 1 封，最终只需要 10 分钟就能回复所有邮件。光这样就能让我们提高 3 倍效率。这种时候的集中力属于出神型集中力。

效率提高到 3 倍也就意味着你的时间也增加到了原来的 3 倍。如果我们 24 小时都以这种状态干下去的话，就等于是在 24 小时之内处理了 72 小时的工作。

当然实际上并没有这么简单。不过即使只有 10 分钟，只要我们能提高 3 倍效率，也会给整天的效率提升做出贡献。

对于这类需要在出神状态下进行的工作，只要我们选个时间集中精力去处理，就能提高工作效率。**重要的是根据不同的工作内容选择不同的集中力。**

时间整理术 43
准备迷幻和爵士两种音乐

在《整理的艺术 3》中我介绍了一边放着音乐一边工作的方法。不过之后便立刻萌生了一个问题："那最好是放什么音乐呢？"几经思考，我发现或许这个答案跟前面介绍过的两种集中力有着密切的联系。

一个人单独工作的时候，我喜欢听 Techno 类型的音乐。**这类音乐节奏感很强，特别适合激发出神型集中力**。如果我们完全沉浸于工作中，时间会很快过去，我在写书的时候就是这样的。当我跟着音乐节奏开始敲击键盘后，其他外界信息统统没法近我身。

不过只靠 Techno 音乐和迷幻音乐还不足以应付所有的工作情景。我们还需要"爵士乐型集中力"。**这时候迷幻音乐富有规律的鼓点反而成了一大阻碍。**

这里我又想起宫本武藏的另一个故事。这是关于宫本武藏手中刀剑的故事。据说他的刀尖并非静止不动，而是摇摇晃晃的。宫本武藏靠运动的刀尖来随时应对敌人的奇袭。这里重要的一点是，刀尖的晃动是没有节奏的。

据说在格斗过程中，最忌讳被敌人掌握住自己的气息。敌人掌握了我们气息吐纳的节奏后，就很容易找出我们的破绽，然后伺机而动，杀将过来。刀尖的运动也是这样，如果刀尖的运动呈现规律性，则很容易被对手抓住破绽，丢掉性命。

1/f 波动理论[①]曾火过一阵子，而宫本武藏刀尖的运动恰好就是这种波动。他的刀尖运动并没有节奏感，而是种自然的波动。1/f 波动是自然界常见的不规则波动。这种波动非常微妙，它既不是完全规律的，也并非完全胡乱随机的。宫本武藏刀尖正是随着这种自然的节奏律动。正因为他完全将自己融入周围的自然环境之中，才能让刀尖产生这样的波动。

看到这里我想大家也知道为什么具有特定节奏的迷幻音乐不适合了吧。如果听这种音乐工作的话，便不会有自然的波动，最终被音乐的节奏牵着脚步走了。

这种时候需要的音乐是具有 1/f 波动的、不可预测的音乐。

爵士乐中也含有这种波动。所以当我们需要提高爵士乐型集中力时，最好准备一些爵士乐做背景。

既然给这种集中力取名字为爵士乐型集中力，当然爵士乐是最适合不过的了。

[①] 1/f波动或1/f噪音，又称为"粉红噪音"。主要分布在中低频段，是一种大自然常有的噪音，如瀑布声和小雨声。是一种能让人产生舒适感和治愈感的声音。——译者

时间整理术 44
下午两点会客

　　前面我向大家介绍了只要进行单纯操作，便能逐渐提高出神型集中力的方法。接下来便有个问题：提高爵士乐型集中力需要怎么做才好呢？

　　提示是：**爵士乐型集中力是用来处理"不确定性"的**。面对不可预测、没有规律的情况时，这种集中力便开始发挥作用了。

　　这种不知何时何地从天而降的突发状况有个最典型的代表，那就是"人"。

　　我尽量在用完午饭后会客。我是想用这种方法，让"爵士乐型集中力"在一天的正中间发挥作用。顺便一提，在一周内的使用方法也相同，我在一周的中点——星期三会见客人。我靠这种方法来调整一周的节奏，其中一个原因是为了防止中途泄气，然后还有一个原因就在这里。

　　爵士乐型集中力发挥作用时，人处于一种对周围环境反应非常敏感，精神高度紧张的状态。在这种状态下，人很容易发现某个项目的问题点和面临的危机。在爵士乐型集中力发挥作用时会客，我们能够很容易地从客户不经意流露的神态动作中发现他的不满情绪，并及时应对。

若是出神型集中力，则无法应对这种状况。自己一人忘我地发表长篇大论，根本无法查知对方的心情和态度。即使出现一些问题，也丝毫没有察觉，依旧我行我素，大步向前。然后事后诸葛亮，等发现时再喊："哎呀，糟糕！"就为时已晚了。进行团队协作时，就算整个团队进入出神状态，也需要有一个负责擦亮"观之目"，随时把握整体的运行状况。

为此，**我把不需要出神型集中力的任务——"会见客人"放到一天的正中间完成**。这时如果发现问题，也能在傍晚迅速应对。分时间段使用不同类型的集中力，是巧妙使用集中力的诀窍。

所以我在此建议大家最好是在下午两点之后安排会见最重要的大客户。

时间整理术 45

留出空当期

前面我向大家介绍了一些妙招，告诉大家如何管理"集中精力的时间"，做好不同的工作。但实际上，**把"什么都不干的时间"放在哪个时间段**也是个非常重要的问题。

本来精神高度集中的极限只有两个小时。所以为了下一轮的集中精力，我们也应该有意识地给自己留出一些"什么都不干的时间"。我想把这段什么都不干的时间叫做"**空当期**"。

只是，这段时间并不是真正无所事事的时间，而是为了下一轮集中力爆发瞬间的到来才积极进行的休息。

为此，我们需要一边感受自己现在正在做什么，正处于怎样的状态，一边认真休息。这种感觉跟冥想比较类似，这种休息并不只是茫然地发呆，而是一边感受活在当下的自己，一边进行休整。等到休息完毕后，能够一下集中精力，专心投身于工作。

所以空档期的关键在于**休息时的精神状态**。虽然这么说挺奇怪的，但是"有意识地、认真地什么都不干"的状态是很重要的。

人总是会被工作牵着鼻子走，无法集中精神去休息。这样根本就不是休息。休息的时候应该忘却一切身外事，将心情调整到放松状态，告诉自己"即使在这个时间休息，也不会发生什么事情。就算发生点什么事，待会儿也能搞定的"。

　　这点欧洲人，尤其是北欧人做得很好。有的国家甚至有长达一个月的假期。这些国家的国民便能够在这段悠长假期内彻底休息自己，放松精神。像日本这样没有超长假期的国家，可能怎么休息都觉得不够吧。

　　而且就像他们说的那样，**不好好休息就没法做有创造性的事情**。他们觉得如果一直忙，没时间休息的话，人根本就没有多余的心思去想新东西，也没有东西去做新的事情。我听了这话后虽然心有不甘，却完全被戳中了痛处，根本没有还口的余地。

　　在这段空当期内，我们可以做些平常总是没法静下心来做的事情。例如①**管理长期日程表**、②**ToDo 管理**、③**设定目标**等。利用这段时间来做处理这类事情，会有意想不到的收获。

时间整理术 46
利用身边的度假村和温泉

日本是火山大国，所以但凡是个地方就有温泉涌出。去一趟最近的温泉泡上一泡，会让你精神为之一振。

我工作得很疲惫的时候，就会去趟温泉泡一泡。重要的是**在身心俱疲的时候，稍稍从日常生活中逃离出去**。坐上前往温泉宝地的电车或大巴后，心灵的度假便已经开始了。这时即使你想干点活，也很难如愿，所以温泉是能让你强制休息的场所。

有人这么说，在海外旅行的飞机上最适合进行思考。而且思考的还不是短期的东西，而是长期的计划。这段时间非常宝贵，我们可以利用这段时间远离繁琐的日常生活，静下心来反思自己的人生。这时带上平常来不及看的小说，闲暇时间读上几页，也是非常惬意的。

去温泉乡泡泡温泉就是一个妙招。它让你从日常生活忙碌的"出神"状态中解放出来，**沉下心来纵观人生，思考人生**。

再者，如果不是独自旅行的话，组个团队去合宿①也是个不错的选择。有个公司叫"Hatena"。该公司一个有名的地方便是经常让应用

---

① 合宿原本是指日本学校的社团在假期组织成员到某个地方同吃同住，进行集中训练。——译者

程序开发团队进行合宿，从而让团队成员远离日常业务，激发奇思妙想，完成不一样的开发任务。

为了尽量节省经费，我常常还选择包含交通费的旅行套餐。与一般出行方式相比，这样一来能有不少折扣。此外，这点与选咖啡厅一样，找个能够常去的温泉旅馆是非常重要的。

选择的关键在于旅馆的规模。不能找规模太大的旅馆，一般大型旅馆都是为接待公司旅行团而建的，而且比较旧，让人很难静下心来。最近新开了不少小旅馆，专门针对个人客户，选这种旅馆比较好。

选择旅馆时还有一个重点。一定要找有网页的旅馆，能有这种新举措的旅馆一般服务都很好。

此外，房间里带有露天温泉的旅馆虽然价格偏高，却会让你心情舒畅。建议大家在预定房间之前，上 Jalan[①] 去看下网友的点评。

[①] Jalan net（http://www.jalan.net/）上，旅馆会对网友评论做出回复，这点很好。我们可以通过旅馆的回复内容，看出这个旅馆的待客之道。

时间整理术 47

在联合办公空间与工作意识高的人"合宿"

虽说合宿是个好方法，可真要合宿，一时半会很难召集到志同道合者，门槛比较高。不仅调整日程安排是个问题，最重要的是并不是每个人都愿意为了工作而去合宿。"我可不想去趟温泉还得干活"，这是人之常情。

但是，合宿的威力实在是强大。在不受任何事物干扰的环境下，所有人一心不乱，埋头工作，这时产生的团队整体的集中力能给人带来巨大的力量。大家想想当年考前复习时的合宿就能知晓。

在我们身边实现了这种强大合宿的便是**联合办公空间(Co-working Space)**，聚集到这里的大多是从事自由职业的设计师或工程师等专业人士。这个空间被设计为共同办公的场所，有点类似"共享办公室"（Share Office）。

与共享办公室不同的是，这里也融入了一些设计，让聚集在此的专业人士能够相互交流沟通。联合办公空间内放有巨大的桌子，桌椅的设计让大家能看到对方的样子，还能举办交流会或一些其他活动。在这里大家不仅共享一个办公空间，还积极地互相交流。这是联合办公空间的重要特点。

在涩谷有个联合办公空间叫"co-ba"。我是那里的会员，我的书

联合办公空间 co-ba 的
工作场面

大多都是在那里写成的。在那里我能一面感受其他成员形成的氛围，一面专心工作。比起一个人孤单单地干活，效率要高出很多。

联合办公空间最早发源于旧金山，现在遍及全世界。现在也遍布日本的主要城市。

正如丹尼尔·平克（Daniel Pink）在《自由职业社会的到来》（钻石社）中说的那样，在工作形态从仅有公司职员发展到出现自由职业者的多样化过程中，联合办公空间发挥着联系人与人的社会性功能，其作用将越来越重要。

时间整理术 48
用仪式提高爵士乐型集中力

我在写这本书的时候有个很深的感触，那就是"并不是想写的时候就能写出东西的"。比如我计划今晚八点开始写书，可真到了动笔的时候却发现文思枯竭，迟迟无法下笔，就这样浪费了好几个小时。这样的情况时常发生。

其实这并不局限于写东西，像做计划这类需要出主意的工作都有这个问题。**灵感总是不期而至，根本没法预先计划好。**

左思右想也想不出个点子的时候，最好就是放弃思考，休息休息。然后，当你休息的时候，灵感翩然而至。灵感闪过时，赶紧将想到的东西落实到笔头。随着灵感的涌出，奋笔疾书。我本人就经历过好几次这样的状况。

按照集中力的种类来说，这不是出神型集中力，而是爵士乐型集中力。当我们任凭思绪乱飞，身心放松的时候，忽然从天而至。在这一瞬间，我们在解放所有感觉，放松身心的同时，找回了生机勃勃的感性。这种瞬间可遇不可求，也许只能"等待"才行。

尽管如此，如果我们说想不出点子，那就休息吧。光这样的话，工作也是无法进行下去的。有时候我们必须咬紧牙关，强迫自己回归工作状态，尤其是做企划的人。作为专业人士，他们常被要求作出高质量的策划。在这里我向大家推荐一个方法，一个能够**帮你进入爵士乐型集中状态的"仪式"**。

例如职业作家，有人喜欢削几根铅笔之后再开始写作，有人把资料撕碎扔掉后再动笔。他们都有各种各样的仪式。

有个作家同时在写好几本书。他的做法是给每本书准备一套办公桌和文具。当他坐到某个办公桌前，手边集齐了这本书的相关资料，再加上不同的桌子和文具，他就能成功地进入某一本书的写作"**状态(模式)**"当中。

只要充分活用有条件的空间，就能实现配备多张办公桌的想法。需要打电话交涉，那就回公司。要制作企划，就找个装修精美、安静祥和的咖啡厅。要大量回复邮件的话，稍微有点嘈杂的快餐店就行。然后，如果你想专心致志埋头工作的话，那就去刚才介绍的联合办公空间。区分使用这些场所后，我们就能强制切换自己的工作"模式"了。

重要的是不要企图去改变自己的内心。**我们要明确地告诉自己是否能够集中精力，不是精神力的问题，而是环境的问题**。从形式入手，能帮助我们学会控制自己。

时间整理术 49

爵士乐型集中力与迷幻音乐型集中力

前面向大家介绍了为了度过一段充实的时光，我们需要爵士乐型与迷幻音乐（出神）型两种集中力。

为了提高效率，我们需要根据工作内容，分别使用两种集中力。即使你想用出神型集中力来做计划，最终也只能是在原地打转，一事无成。如果企图用爵士乐型集中力来做事务性工作，你会发现思维到处扩散，错误丛生。以这一原则为基础，我向大家介绍了提高集中力的各种技巧。

到底哪种集中力更重要？其实这种比较是毫无意义的，哪种都很重要。不过如果非要分个高下的话，我觉得**在当今时代，可能爵士乐型集中力的必要性越来越大吧**。

不被时间推着往前走，而是慢慢地体会时间流淌的感觉，同时不断创造高品质的产出。这是爵士乐型集中力。如果换种说法，也可以说它跟慢生活等关键词有密切联系。

这种想要找回时间观念的欲望不断发展。有人想了个题目叫"时间效率"，但我觉得实际上这种欲望超出了"效率"这种说法，踏进了"时间体验"的范畴。

我们如何品味独一无二的时间？我认为这与享受人生的妙招、生存术息息相关。

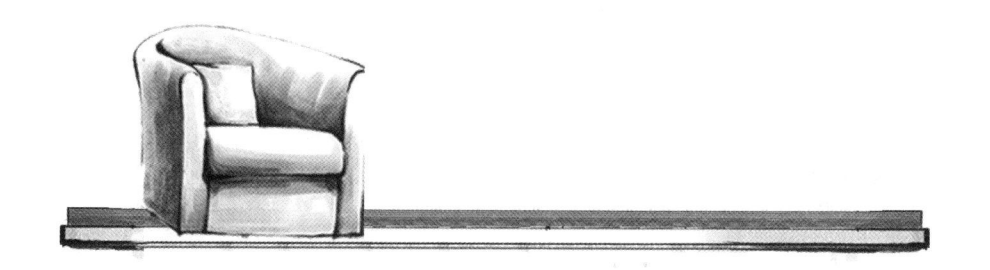

Chapter 4　时间投资妙招

把时间用在刀刃上

时间整理术 50
计算自我成本

时间是有限的，可我们很难有切身的体会，也难以理解。我们总以为时间像从高山上流淌下来的清泉一样，潺潺而过，永不停息。

可事实上时间与山涧清泉截然不同，它的储水量是有限的。假如一个人明天不幸遭遇交通事故，丢掉了性命，那么他的水瓶中现在也许只有寥寥的几个小时。这种情况也不是没有的。

尽管如此，包括我在内，**大多数人都在浪费时间**。这只能解释为**大多数人都以为时间是无穷无尽的，并以此为前提而行动**。除此之外别无原因。

要让自己意识到时间的有限性，最好的方法就是把时间换算成别的东西，让我们能感性地认识这个问题。尤其是对于工作的人而言，将自己时间的每一分每一秒都换算成成本，并带着这种成本意识干活，这对想要提高工作效率的人而言，是必不可少的举措。

我将这种成本称为"**自我成本**"。这个自我成本是用收入除以劳动时间而得出的。举个例子，假设一个人的年薪是 500 万日元，一年的劳动时间为 1800 小时。那么两者相除便可以得出他的时薪大约为 2800 日元。如果实际年薪是这个数值的几倍，那么时薪也跟着翻倍。

然后我们可以进一步将这种成本作为团队内的成本来考虑。进行五人会议的时候，假设团队领导的时薪是 5000 日元，其他成员的时薪为 3000 日元。按照上面的算法，则该团队每小时要花掉为 17000 日元。

就开个一小时的会，居然需要这么多的成本。让我们带着这种成本意识开始每次的会议。**如果我们以这种成本观念为基础，重新审视工作的话，我们就会知道在企业中存在着很多浪费的情况。**

举个例子，比如让时薪非常高的人来做一些单纯操作，再比如安排一大批人去参与一项利润较低的项目。日本人在生产产品时，对哪怕是一丁点无用的成本都会斤斤计较，却对白领阶层的生产率无知无觉。这种奇怪的现象也是比比皆是的。

以公司组织为单位的情况也是如此。以个人为单位的情况亦如此。**只有清楚认识自我成本，才能使生产率得到提高**。为此，作为这一前提，我们需要将自己想象成雇佣了"我自己这个人才"的老板。

我付给雇员 2800 日元，我想要他做什么样的工作？我想要他取得什么样的成绩？如果这时候你在想"我就算是玩，也能领到工资"的话，你的生产率就永远不会提高，最终也会被公司抛弃。不对，要是

$$自我成本（每小时）= \frac{年薪}{一年的劳动时间}$$

会议成本 = 参加人员自我成本总额 × 会议时间

（例）一位自我成本为 5000 日元的领导和四位自我成本为 3000 日元的团队成员进行 3 小时的会议

会议成本 =（5000 日元 ×1 人 +3000 日元 ×4 人）×3=51000 日元

会议效果是否与花费的成本等值？

被公司抛弃那还算好的了。问题是如果你形成"我是在卖时间给公司"这种观念的话,你就会将时间这么宝贵的资源一点一点地浪费掉。

假设年薪 500 万日元,每年工作时间为 1800 小时。那么 1 分钟的薪水大约是 50 日元。我们就可以这么想:只要工作提高一分钟的效率,就等于是提高了 50 日元的效率。当这种"改善"活动日积月累后,我们的生产率也会随之提高。

这种 50 日元的成本意识对公司而言却是好事。不过实际上也不仅仅对公司有好处,当你拥有了 50 日元的成本意识后,**你会对自己的人生形成一种成本意识。这种意识最终会让你走出多姿多彩的人生路。**

时间整理术 51

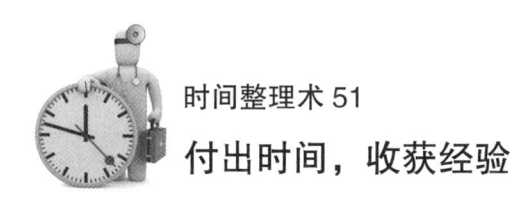

付出时间，收获经验

投资时间。当我们思考这个问题时，我们会发现投资回报并不是时间。因为，时间不同于金钱，即使你投资时间，你也不会得到更多的时间回报。

但是你投资时间后，它会以另外一种形式返还给你。有人花费了时间在"慢跑"上，也许他能收获"健康"。有人把时间花在追求男朋友/女朋友上，也许获得的回报是"爱情"。然后在商业领域，我们能够得到的大部分回报是"金钱"、"经验"和"信用"。

于是这里我想要思考一下，如何将时间变为金钱或经验。

经济学思维中有一种概念叫**机会成本（Opportunity Cost）**。它的意思是当你投资某个项目后，你会没法去投资另一个项目；为了选择一方而放弃另一方的利润，这种利润便是机会成本。

如果手中资源丰富，我们当然可以两者同时进行。但资源不是取之不尽用之不竭的，它总是有限的。尤其是时间这种资源，原本就是有限的。因此我们应当把时间投入到预期回报更高的项目当中去。

这不是废话吗？——也许有人会这么想。但事实总是出人意料之外，这确实不是废话。尤其是放弃一些原本"应该干"的事情时的机会成本。

- 金钱能够钱生钱。
  （股票之类的也都可以用金钱数额来表示）

  ……　　金钱→股票（金钱）→金钱

- 打工的时候，时间可以产生金钱，但是效率低下。

  ……　　　　　时间→金钱

- 为了能够从时间那里获得更多回报，我们需要进行一次转换，将时间转变为经验等。

  ……　　　　时间→经验→时间

比如你有没有想过不去学金融，这让你损失了多少的利润？不去学英语，这又让你放弃了多大的利润？很多"应该干却没干的事情"因为你的放弃，让你遭受着莫大的损失。但是很多人对此并不在意，因为他们根本没有把这些当做成本来考虑。

今天一天你妥协之后跑去喝酒，这时机会成本有多少？很多人都不太愿意去深思这个问题，但我觉得这是非常值得考虑的。

这点也适用于公司的情况。我在帮助很多公司开展新业务时总还说一句话："**与其考虑做的风险，不如考虑不做的风险。**"当我们认真思考不做某个项目带来的风险后，我们会认识到选择做了之后，就算出现一些小失败，也根本算不上是风险了。**失败之后总会得到一些教训，这就成为了我们的宝贵经验。**投资时间让我们获得经验。

对于个人而言也是如此。当你将投资回报的着眼点放在经验上之后，你的时间观念会发生一百八十度的改变。

在谈完如何把时间转化为经验之后，我还想谈一下将时间转换为金钱的两种方法。

其中一个方法是通过出售时间获得金钱。打工就属于这种情况。别人吩咐你怎么做，你就怎么做。在一定的时间之内付出劳动，然后

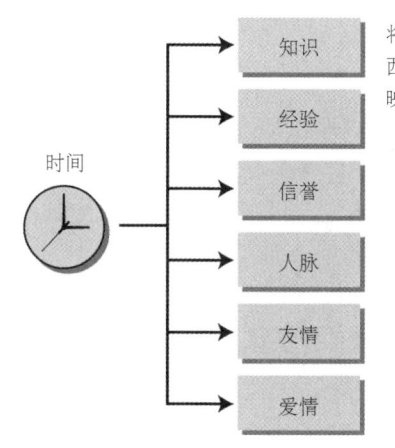

```
         ┌──→ 知识        将时间转换为什么东
         │               西。这里面如实地反
         ├──→ 经验        映了一个人的价值观。
         │
  时间 ──┼──→ 信誉
         │
         ├──→ 人脉
         │
         ├──→ 友情
         │
         └──→ 爱情
```

获得报酬。这个方法很简单，即单纯地用时间去换钱。但是这种方法不能让你单位时间的金钱变多，它毕竟是以时薪来计算的。

另一个方法是**经过将时间转换为经验的过程来获得金钱**。首先将时间投资于积累经验，然后经验不断累积，最终为我们带来更多的金钱回报。

这种情况不是出售时间，而是用时间来进行投资。用金钱进行投资时，我们会购买股票，把金钱转换为其他形式，然后等待升值。投资时间时，我们将时间转换为经验或信誉。

只是用金钱投资的时候，基本上都能以金钱的单位来表示。而经验等东西是不能用钱的单位来表示的。将时间转换为什么样的东西，这是由一个人的价值观或人生观决定的。

按照一般的说法，**年轻的时候应当投资时间，赚取经验的积累**。然后这些经验会慢慢变成金钱。只是有个问题。那就是我们该把多少时间用来投资怎样的经验？

时间整理术 52
投资 20% 的时间搞自己的研究

我听说在 Google 有这样一个制度，在每周抽出一天时间，也就是工作时间的 20% 分给员工去完成自己的个人项目。我通过朋友的介绍访问 Google 的时候，他们的员工带我到处参观，还对我说"今天一天都可以自由支配，所以没关系"。

虽说是个人项目，但用的还是公司的钱，所以当然员工有义务写报告，向公司交代他们正在做什么样的事情。不过即便如此，可以随心所欲做自己喜欢的事情，这点还是十分难能可贵的。我觉得即使不是 Google 这种依靠创新求发展的普通公司，这种做法最终也会给公司带来收益。

当然，能够在明面上允许员工做这种事情的公司还是少之又少。于是员工就只能做"暗研"，也就是未得到公司承认，暗地里搞自己的研究。"暗研"是非常困难，但是最好还是做一做。因为这也是非

时间投资的黄金比例

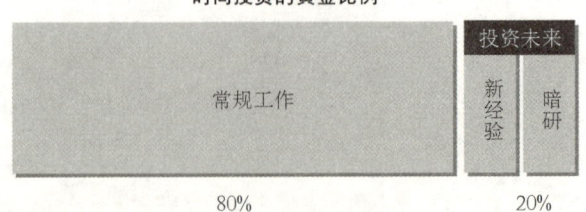

常规工作	投资未来
	新经验 | 暗研
80%	20%

时间的资产负债表
自己的时间会变成经验、信誉、人脉，成为资产。

资产 未来的时间 + 经验、人脉等 需要花时间 获得的东西	别人的时间 为了生存下去 而花费的时间
	自己的时间 花费在自己 身上的时间

常正经的投资活动。

站在公司经营和领导者的立场，我认为还是应该重新思考一下这种时间投资的有效性。能够让下属积极进行"时间投资"的公司，能让员工提高对公司的满意度，变得干劲十足。

将20%劳动时间的自由留给员工，对其成果进行评价。这种比起根据成果报酬等细算工资，更能让员工心存感激。

相反，如果总让员工重复常规工作，无法积累经验，陷入买卖时间换取金钱的恶性循环中的话，就会白白流失一批有意识积累经验的人才。这时他们跳槽的理由不是为了金钱，而是缘于时间的使用方法。

在某种程度上，当我们爬到了高位，自然也会有些可以自由使用的时间了。我将自己20%的工作时间用来进行一种从未经历过的项目。我给它起名为"**自我R&D**"（**自我研究开发**）。这是为了让自己不要陷入没有新意的常规工作中，并不断研究开发自己的能力。

我从公司出来单干后，将这段时间用在志愿者活动上。自己当老板后，时间的使用方法便跟收入的增减息息相关。干活越多，来的钱也越多。但另一方面，这些工作也挤占了越来越多用于自我能力开发的时间。

于是我**强迫自己将20%的业务时间用于志愿者活动**，让R&D能够继续进行下去。

　　这时我不求回报,只干自己想干的事情。为此我规定了一个条件,即志愿者活动的无偿性。就在我做志愿者的时候,发生了"3·11"东日本大地震。我尽最大努力利用这 20% 的时间,参加到了灾后复兴的志愿者活动当中。

　　这样一来,我将一定的时间投资到积累经验上。古语有云:"年少时就算是花钱买,也要买苦头吃。"这不是在鼓吹锻炼精神的优越性,而是实实在在的时间投资经验之谈。

时间整理术 53

不做海外旅行，而是海外"滞留"

如果用这 20% 的时间来增长见闻的话，海外旅行也是不错的投资对象。我自己留美学习了两年，学到了不少的东西。我不仅学会了怀疑日本人所谓的常识，反过来也重新发现了日本的优点。

这段海外旅行，如果可能的话，希望大家能将其变成海外"**滞留**"。网络媒体设计师高城刚先生在《扔掉一切，环游世界》（宝岛社）一书中建议大家尝试在海外滞留一个月。他指的不是往来于各个旅游景点之间的"旅行"，而是在一个地方老老实实地待上一段时间，慢慢去体验当地生活，由此让自己能够更加深入地接触该国或当地的风土人情与价值观。

其他的我还推荐 Life Net 生命的出口治明社长的旅行术。他的方法是请上一周到十天的假，出去旅行。不过这个方法很特别。首先找一个大城市，定为终点站，然后买到这个城市的特价机票，飞到那里。然后跳上从这个城市出发的特快列车。没有计划，漫无目的地前行。遇到某个心仪的小镇，则毫不犹豫地跳下列车，去感受当地的风土人情。

就这样随心所欲地在这个国家流浪，最后配合回国航班的时间，再回到最初的那个城市。这样一来，既能够认真地体味某个城市的一点一滴，也能感受到非旅游城市的宁静生活。

我们用这种新鲜的方法去邂逅全新的世界，最终也能给自我 R&D 带来益处。

时间整理术 54
时间投资应重视基础投资

前面向大家推荐了投资 20% 的时间。接下来就面临一个问题，拿着时间来投资"什么"呢？如果投错了股票，你投入的资金就只能打水漂了。在选定投资对象方面，投资时间与投资股票一样，分为**基础投资（Fundamental Investment）与技术投资（Technical Investment）**。

所谓基础投资指的是在掌握了企业财务状况及实际情况的基础上，对企业进行长期投资。据说沃伦·巴菲特这位仅次于比尔·盖茨的世界第二大富豪，就以使用这种方法闻名。一些实体企业，即使一时丧失投资者信心，股价下滑，从长期来看，也一定会取得一定发展的。因此这种方法认为不应关注短期内的股价变动，而是应进行长期投资。

另一方面，技术投资则是利用股价的短期波动，获取收益的方法。通过分析股价波动情况，来预测股价。当确定可以获得短期收益时再卖出股票。

说到时间投资，我感觉基本原则是应当重视基础投资。长期投资不受一时的流行风潮左右，可以帮我们获取长期回报。例如学习英语，即使没有短期回报，从长远来看，它也有可能为我们带来巨大回报。

顺便一提，我在美国的时候经常跟人开玩笑说想要把英语说得像美国人那么溜，到底要花多少钱才行。然后我听说有人觉得即使花

	基础投资	技术投资
投资期间 ➡	长期	短期
流行 ➡	不受影响	反应灵敏
风险 ➡	一般较低	一般较高

3000万日元也不足惜！这说明有人觉得如果能把英语说得跟母语一样地道，能够带来如此多的回报。

举一个我自己的例子。我从2011年开始学习即兴表演（improvisation）。即兴表演其实很早就被介绍到了日本，只是在商业领域还尚未普及。进行头脑风暴的时候，也要求我们有即兴行动的能力。所以我觉得这种技能在商业领域也非常有用。

像这种即兴行动的能力一样，很多基础能力在短期内很难获得好评，但从长远的角度来看，它一定会为我们带来切实的收益的。

时间整理术 55
投资回报是股利收入

那么通过这类投资,我们能够获得什么样的回报呢?我想就这种回报的计算方法进行一些探讨。

投资回报的种类大体分为**资本利得(Capital Gain)和股利收入(Income Gain)**。资本利得是我们购入股票,当股价上升后,卖掉股票所得的收益。日本泡沫经济时期,土地和股票纷纷暴涨,那时许多人获得了资本利得。

另一个是股利收入。它指的是我们进行储蓄或购买国债所获得的利息等收益。一般来说它不会产生像资本利得那么大的收益,但风险较小,这是其特点。

时间投资回报基本上是股利收入。因为我们肯定没法把自己拿去卖掉,也肯定没法跟自己说拜拜,所以不能获得资本利得。当然像出售人气的买卖,可以在某个瞬间将自己卖出去,但是一旦你的人气低落,"股价"也会狂跌,最后你就只能被打回原形。因此我们最终还是得以长期的股利收入为基础来思考投资回报的问题。

确定了要获取股利收入后,投资就变成长期投资了,所以必须以十年甚至更长时间为单位来考虑问题。

我们假设努力工作一年,下一年起工资涨了 5%。这是对你的估值,

劳动的股利收入式看法

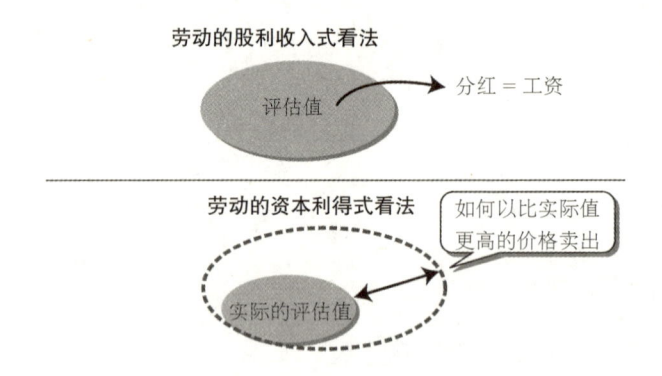

评估值 → 分红 = 工资

劳动的资本利得式看法

实际的评估值 — 如何以比实际值更高的价格卖出

也就是资产评估值升高了五个百分点，然后支付给你的分红也随之提高了五个百分点。

通过长期提高自己的评估值，来增加收益。这就是时间投资里的股利收入的观点。

这种股利收入，投资的时候越年轻，将来的回收期越长，投资效果越好。如果反过来等到上了年纪再投资的话，获得回报的预期就会变低，所以想要投资时间的动机无论如何也会消减。

例如去国外商学院留学的大多是二三十岁的人。其原因之一便是如果在这段时间进行投资的话，可以花较长的时间进行回收。假设读MBA花了2000万日元。如果用十年的时间回收，则需要每年增加200万日元的收入。而用三十年来回收的话，每年只需增收70万日元即可。[1]

从未来的回收期间来看，年轻人的一年和上了年纪的人的一年，其价值是完全不同的。因此趁年轻的时候，洞察未来，积极进行时间投资是非常重要的。[2]

---

[1] 这里我们没有将现在价值的折扣计算在内。
[2] 我曾经学习过房地产投资。当时老师就常跟我们说要重视股利收入。后来我觉得"对自己的投资也是一样的道理"。

时间整理术 56
项目的性价比

就职于大公司的人，这种小时成本的观念总是很淡薄。以我的亲身经历来说，我曾在一家颇具规模的公司工作过，也有单飞出来当个人业主的经验。在后面的情况下，如何使用自己的时间直接关系到收入的增减，因此对于小时成本的感觉很自然地就会变得敏锐起来。

哪些能出效益，哪些不能带来利润？带着这样的问题来考虑花费在某个项目的时间，确认是否都花在了地方。如果想计入自己花费的

项目的性价比　四种类型

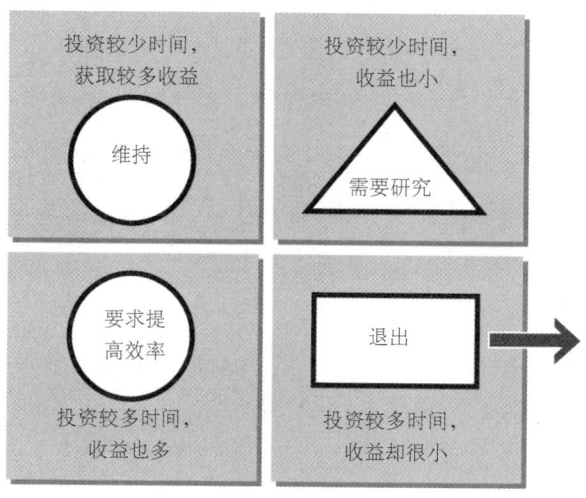

投资较少时间，获取较多收益	投资较少时间，收益也小
维持	需要研究
投资较多时间，收益也多	投资较多时间，收益却很小
要求提高效率	退出

泰格·伍兹的收益

| 奖金 | 授权收入 |

泰格·伍兹花费的时间

| 练习高尔夫球及参赛 | 授权谈判 |

有时即使不看重利益，也需要多花时间投资在核心竞争力上。

时间，那么我们可以用第二章"日程表妙招"中介绍过的 Toggl。我们可以用这个方法来对比用掉的时间和今后将取得的收益。

如果不做这种对比，可能看起来利益不断增加，但实际上却花费了更多的时间，造成单位时间收益下降的情况。自由职业者工作的时候，如何拒绝这种很花时间的工作，常常也是个让人头大的问题。

只是，面对耗时较长的项目，如果我们不加思考，一律砍掉，这也是不好的。因为有些项目可能乍一看挺花时间的，但或许对自己的职业规划是非常重要的。尤其当这个项目牵涉到你的核心竞争力（Core Competence），即跟你的主要技能相关的话，拒绝这个项目可能会让你跟其他相关项目也失之交臂。

例如职业高尔夫球手泰格·伍兹（Tiger Woods）。他的收入大多来自产品授权和赞助合同。与此相比，实际所得的高尔夫球赛奖金就是小巫见大巫了。但是如果他放松高尔夫球的练习，而一味把精力花在产品开发或获得赞助的话，这反而是本末颠倒了。球技很烂的泰格·伍兹，估计没有赞助商愿意在他身上花钱吧。所以就算直接利润很少，也应当专心致志地练习高尔夫球。

我所在的广告业界也是这样。我的收益几乎都来源于客户使用的广告媒体费用的佣金。广告内容反而只出不进，满眼赤字。尽管如此，如果我们在广告内容上偷工减料的话，就会变成球技超烂的泰格·伍兹了。

也许你觉得这是很正常的,但其实有不少公司就是在裁员时,一不小心裁掉了属于核心竞争力的人员,结果一路下滑,只得惨淡经营收场。这对于个人也是一样的,我们有必要耐心地花些时间在自己的核心竞争力上。

时间整理术 57

搬到离公司近的地方

我们浪费的时间中有一部分是上下班的通勤时间。如果你每天上下班需要花 3 小时，那么每个月就是 60 小时，每年就要花 720 个小时在通勤上。假设你的自我成本为每小时 20 元，便可以计算出你花在上下班上的成本高达 13 万元。

我一直尽可能让自己住在离公司比较近的地方。最好是 30 分钟就能到的地方。这样往返就是一个小时。这么一来，与刚才往返所需的 3 小时的地方相比，现在节约了两个小时。如果我们以一小时的自我成本 200 元计算，则一天可以省 400 元，一个月就能省下 8000 元。如果说得夸张一点，**就算是每个月多花 12 万日元，也应该选近的地方住。**

只是这里有个前提，那就是你在上下班的路上什么都不干。实际上很多人都在这段时间读读书，看看报纸，所以将这个考虑在内的话，上下班时间长点也不算是坏事。甚至还有人建议职场新人搬到远一点的地方，利用上下班的这段时间好好看看书，充充电。

还有另外一个前提。那就是节约了时间，能让我们的收入增加。如果我们节约了价值 8000 元的上下班时间，就能加薪 8000 元的话，那住到房租稍高的地方也无可厚非。只是大家都很清楚，节约下来的时间并不总会变成收入进入我们的腰包。（顺便一提，如果是自由职业者的话，节约时间确实很可能增加收入。)

所以这里我们就需要一个方法，让我们在节约下来的时间里赚点小钱。

时间整理术 58

"周末创业"的方法

用剩下的时间来赚钱,有一个很流行的说法,叫"周末创业"。说的是利用周末的时间,干点非本职工作,赚点外快的意思。

只是有些公司明文禁止兼职,所以这个方法不能推荐给每个人。但是如果是比较宽宏大量的公司,或许你也可以在取得公司许可的情况下,周末做点自己的买卖。

我自己在美国的时候就开展了翻译服务和印第安首饰的销售业务。翻译是在网上接受订单,然后将翻译任务分给外部的译员来完成。印第安首饰是直接从亚利桑那州进货,放到网上去买。

这两个买卖都让我小赚了一笔。不过如果考虑到承担责任等问题,负担还是太大,所以最后我终止了翻译服务。而印第安首饰的买卖也放弃了在网络上打广告。

买卖果然还是要认真对待才行,否则很难获得成功,而且也需要付出相应的时间和精力。为此,以我个人意见而言,我对周末创业还是抱有消极态度的。因为很多事情是说起来容易,做起来难。不过如果说有些事情能让你同时收获时间和金钱,那还是值得一试的。例如刚才说的翻译和印第安首饰销售的服务,既有益处也有害处,不过总的来说让我获得了不少宝贵经验。它让我有机会走进美国原住民,去跟他们交流。

如果单纯为了赚钱，还有投资这个方法。不过这个也得花很多时间去做调查，还需要用于投资的原始资金，信息也是掌握得越多越有利。所以投资作为用时间换钱的方法，也是个不错的选择。

只是，这些经验能不能用于别的地方？这是个问题。这也包括自己做买卖所得的经验。不过这个问题还是得看各人的想法如何了。

时间整理术 59
将在家时间涂成灰色

当我们这样专注于投资时间之后，花在个人生活上的时间就会越来越少。把时间花在投资上，的确不是坏事。但不花钱在享受上，也是个问题。不管做什么事情，把握一个度，掌握好平衡才是最重要的。

为了能从视觉上直观掌握自己的时间，**我把在家的时间都涂成了灰色**。具体来说就是把工作日的晚上八点到早上七点的时间段都给涂上。这么一来，我就能立刻了解自己的时间是多么有限了。

没有加入在家时间的状态。这会让人有着错觉，觉得时间还挺充裕的……

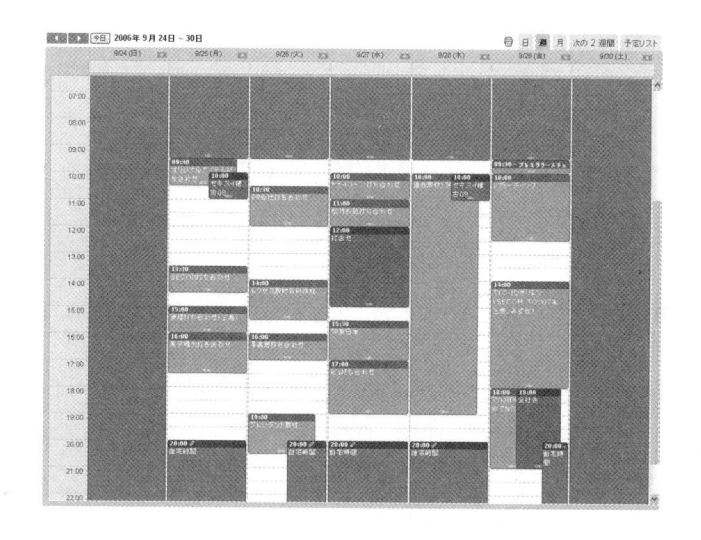

将在家时间全部涂成灰色后，会发现实际上几乎没有剩余时间了。想要加深对剩余时间的认识，用画面来直观把握时间是最好的方法。

反过来说，我还没这么做的时候，远远地望着日程表，总会产生一种错觉，觉得每天 24 小时都是可用的时间。通过把自己的时间涂成灰色，我就能对个人时间有个很好的把握了，这是这个关键的技巧。

如果你实践一下，相信你会发现自己的个人时间居然会那么少。像这样把时间分成几块，是防止浪费时间的一个很重要的手段。

此外，把这段时间涂成灰色后，在这个时间段工作时，我会产生一种抵触情绪。

热衷于工作是件好事，不过与家人共度的时间，以及花在自己身上的个人时间也尤为重要。如果从视觉上对这些时间有个很好的认识，我们就会提早做完工作，或许也能防止家庭破裂吧。

时间整理术 60
搞定八成，留白两成

　　做企划的时候，我们可以很快地做完八成的工作，但剩下的两成却需要花很长时间来能完工。越是计较，这剩下的两成就越是没法完成，我想谁都有过这样的经历吧。

　　要是只有这一件事要做的话，倒是无妨，想花多少时间就花多少时间。

　　可是工作总有很多个，而且有时还会一窝蜂地涌来。太过纠结于剩下的两成，日程计划就迟迟不能顺利推进。而且剩下的两成工作有时还可能让整个企划变得死板，不灵活。

　　有个咖啡厅叫 neuf café。据说这个咖啡厅完成八成的装修任务之后便开张迎客。剩下的两成是一边观察进来的客人，一边慢慢完成的。也就是说，考虑到环境与客人的关联性，**特意事先留出空白，可以提高咖啡厅的魅力**。

　　在网络世界也是如此，一般先公开测试版，然后再根据收到的反馈进行修改，最后再公布正式版本。如果要将用户关联性纳入考虑范围，我们反而需要的是完成度不太高的版本。

　　网络上的网页也是如此。我也制作过不少网页，其关键也在于两成留白。完成度不用太高，如果有些"痘疤"就更好了。这种网页会让人有种亲近感，不会敬而远之。我认为越是重视与浏览用户关系的网站，就越应该重视这点。

言归正传，现在回到企划的完成度上。即使从节约时间的角度来看，我也**建议大家先完成八成就收手**，而且这也不算是消极怠工的做法。留些空白，反而更能增加这个企划的魅力。

时间整理术 61

思考要简单

　　为了减少用于投资决断的时间，我们需要大刀阔斧地砍掉多余的选项。这种"扔东西的技术"是十分必要的。

　　这与以前的做法截然相反。过去我们更注重增加选项，希望"选项没有最多，只有更多"。时至如今，在谈判事务方面，这个原则依旧适用。不过在制定战略时，越来越多人开始重视"减负"，希望扔掉多余选项。

　　这是因为现代社会各个相关方面都有着千丝万缕的联系，即使你不去增加选项，很多时候它也会自己来找你。一直以来，很多工作只需一个公司就能完成。而现在需要多个企业紧密合作才能搞定。时代特色如此，如果我们不顺应这种潮流，也许就会在不断增加选项，逡巡不前的时候，被其他企业抢占先机，等我们反应过来，奋力追赶也望尘莫及了。这种事情也不是没发生过。

　　这类似于黑白棋跟将棋的不同点。

　　黑白棋的规则很简单，即"两头一样便翻转"，其复杂程度跟将棋相比要小很多。为此如果想赢黑白棋的话，只要下对棋子，不断增加能够放子的地方即可。例如有 A 和 B 两手棋可以走。其中下在 A 处，下一步可放子的地方能增加五个，下到 B 处，则会减少三个机会。这样的话，下 A 增加选项肯定是没错的。

然而将棋与黑白棋截然相反。**如果选项越多，盘面就会变得越复杂，棋手就会在出招时产生犹豫**。

如果某个棋手正处于劣势，那么他可以冒险一下，增加对方的选项，以达到迷惑对方的目的。这样一来，对方便有可能在意料不到的地方走出一步错棋。因为选项越多，人就越容易犹豫不决，也越会犯错。相反，如果这个棋手处于优势，那么他肯定会尽量下子干脆，保持盘面的清晰，避免发生混战。

在商业领域也出现了黑白棋世界向将棋世界的转变。

一直以来，一个实力雄厚的公司只要走黑白棋战术，不断将对方棋子变为己方的，不断追求扩大业务就行了。然而在现代社会，一个公司越来越难靠单打独斗来成功展开业务了。现在市场参与者越来越多，其结果是为了得出合理判断，我们不得不研讨越来越多的影响因素。所以**市场状况不再是单纯的黑白棋，而变成用复杂的将棋来一决胜负**。

说到个人，也是同样的道理。对于学习英语，有时与其左思右想各种不靠谱的目的，还不如简单地将目标定为"让自己有能力在国外生存"，这样反而能让你更有干劲。

我们总想正确计算将来的回报，将这种回报作为激励自己的工具。可实际情况却是世事难料，很难做出正确的估算。所以还不如让自己变得简单些，用更简单的方法来激励自己，这样可能更有效。

这类投资最终会为我们带来各种各样的回报。在这个不可捉摸的时代，就连这种回报都很难预测。可有时我们也会收获意想不到的成果，这也是这个不确定性极高时代的特征。

因此，我们应当尽量思考得简单些。正因为社会太复杂，这种心态才显得尤为重要。

时间整理术 62
时间投资的效率与效果

当我们把时间作为成本来考虑时，可能会有点小矛盾。

当我们将时间转化为经验时，更多的投资可能会带来更大的回报，但也有可能血本无归。如果这些投资都会血本无归的话，那么即使你再怎么高效地将时间转化为经验，也是没有意义的。彼得·德鲁克（Peter Ferdinand Drucker）说过没有比朝着错误的地方奋力奔跑下去更傻的人了。比起时间的效率，我们必须考虑的是**时间所带来的效果**。

在计算自我成本时也是一个道理，我们需要计算的不止是时间效率。我们可以看看泰格·伍兹练球花费的时间和他收入的关系，仅看某一部分的话，泰格·伍兹也许效率并不高，但从整体来看，却是效果显著。反过来说，**如果我们仅着眼于局部去追求效率，可能会丢掉整体的效果**，个人与团队的关系也是同理。

例如有人太过追求个人效率，反而拖了整个团队的后腿。有时某个成员的行动太过自我中心，反而会让团体的整体利益受到损害。

关于效率和效果这两个因素，我想在接下来的"团队妙招"里，在个人与团队的关系中来探讨这个问题。

Chapter 5　团队合作妙招

加强协作，让团队时间翻倍

时间整理术 63
用甘特图做项目管理

在管理团队日程表时不可缺少的就是甘特图（Gantt chart）。甘特图是一种项目管理的图表，纵轴表示项目和人员，横轴表示时间，并用线条来整理和表示哪些项目已经开工，哪些项目已经完成。

我们可以选用 Microsoft Project 制作该图表。不过，由于 Microsoft Project 的价格较高，而且功能较多，想要灵活运用还需要具备一定的知识，所以我个人倒不怎么推荐大家使用它。

在这一点上，制作思维导图的 Windows 版软件 MindManager，其甘特图制作功能简单实用，便于操作。从第 9 版起，甘特图功能已

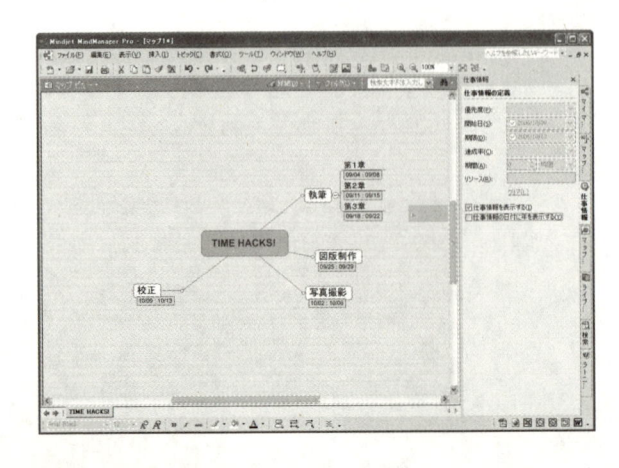

只需按思维导图的制作要点写出各项工作并输入时间，显示甘特图即可。

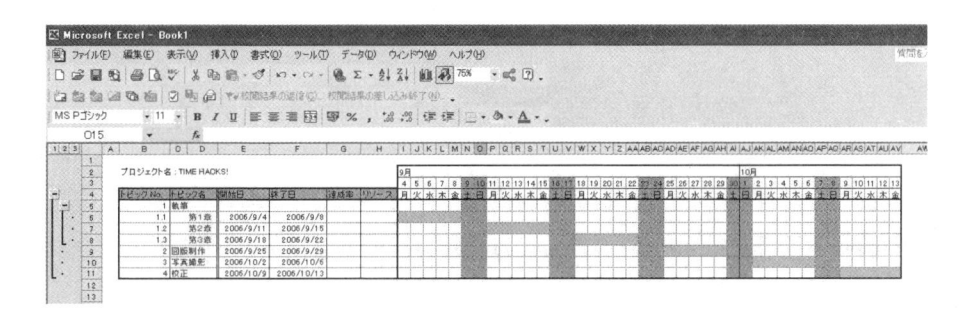

选择 Excel Export 就能自动生成甘特图。

成为了该软件的基本功能之一。

  首先，我们按制作思维导图的要点，写出各项工作。所谓思维导图，就是将自己所想到的内容按思维放射性状态书写出来的方法。使用这个方法，我们能够将想到的工作随意输入进去。并且，只要把这些工作稍加分组，就能看清整个工作量。

  在此基础上给每一个项目注明开工及结束的时间。注明这些内容时需要注意每个项目之间的先后顺序，例如项目 B 要等到项目 A 结束

制作甘特图（下图）的 Hack 记事本（上图）。

Hack 记事本里，有的页面设计为项目时间表，我们能够使用它轻松制作出甘特图。

之后才能开始进行等。

注明以上内容，再从图表选项中选择甘特图，甘特图就完成了。因为没有任何高难度操作，任何人都能轻松地做出甘特图。

为了让大家能够轻松制作甘特图，我在与国誉S&T共同开发出的**"Hack记事本"**里追加了叫做项目时间表的页码。只要使用荧光笔之类的粗笔画上线，即便不使用MindManager之类的应用程序，也能够轻松画出甘特图。

时间整理术 64
团队共享文件的妙招

团队工作除共享时间表外，共享文件也是个非常重要的课题。比起一个人单打独斗，在团队中共享文件更能提高工作效率。

为此，一定要严格遵守文件的命名规则。以**"项目名称 + 文件内容 + 日期"这一规则**命名最不容易出错，也最安全。命名结束后，我们可以按项目和文件种类对文件进行排序，还能按文件的最后更新时间进行排列。

即使这样，如果每个人都随意上传文件，也必定会出问题。而且，并不是所有文件都需要共享。因此，只需将那些有必要共享的文件，

使用 Dropbox 等云端服务共享文件。

由文件管理人员命名之后将其保存到共享的硬盘内即可。文件共享时，指定负责人，严格落实命名规则是非常重要的。

这些按规则命名的文件，将会存放到 Dropbox 或 SugarSync 上，使用云端服务进行共享。也就是说，每个人分别在自己的电脑上安装应用程序，然后设定共享文件夹来共享文件。

我们要做的不仅是共享文件夹，还应该彻底执行文件的命名规则，让文件的共享更有效率。

日程表也是如此。如果不可靠的信息越来越多，共享就会失去意义，还不如不共享的好。因此，最妥善的共享文件方针是将文件量控制在最小范围内，并且只在必要时才去更新这些文件。

时间整理术 65

通过 Facebook 进行交流沟通

在团队内部进行交流，重点在于有没有正确地共享信息。我也曾用过 BBS 和邮件的发信列表等多种工具，但感觉还是 Facebook 用起来最为顺手。

BBS 需要你主动去检查内容，所以很容易就会忘记去查看。而邮件发信列表的方法会使接收邮件过于频繁，无形中给读者增加了负担。在这一点上，Facebook 的信息呈树状，所以便于追踪，并且还可以到最后再汇总查看。具体来讲就是先在 Facebook 上建立一个群组，并将

使用 Facebook 使团队成员之间的交流畅通无阻。

有关成员加入群组里。接着再将安全等级设定为"秘密",防止他人擅自查看。

对于企业来而言,还可使用 salesforce.com 公司的 Chatter[①]等服务。只要使用此类工具即可提高沟通效率。

[①] 一种公司内部的社交网站。——译者

时间整理术 66
发票按开具时间的先后顺序粘贴

企业会对工作进行细化分工，以便提高业务的专业化水平。例如，销售、制造、会计、财务、管理以及公关等，每个部门都运用不同的专业知识去应对各部门的问题。有了分工，才能不断提高效率，最终实现高利润。

在过去，这种观点是无可厚非的。然而现如今**分工的缺点已现端倪——它反而会降低工作效率**。

它最大的问题是影响速度。正因为有了细化分工，人们总需要花费很多时间去进行沟通，使得工作停滞不前。结果便出现了轻装上阵的小型新兴企业赶超行业巨头的现象。

究其原因，把简单的工作复杂化便是其中之一。

在一个工作内容相对固定，且工作方式在短期内可见效果的时代，我们也许可以说细化分工是有效的。

然而在我们所处的时代，即使你刚搭建好一个结构，没过多久也会被轻易推翻。在这种情况下，最需要的是迅速决断的能力。如果把大把时间花费在部门之间的沟通上，项目就很难顺利推进。

在这样的时代，重要的是尽量把一成不变的工作变成固定的"常规工作"，而那些不断发生变化的工作，则不能变为"常规工作"，

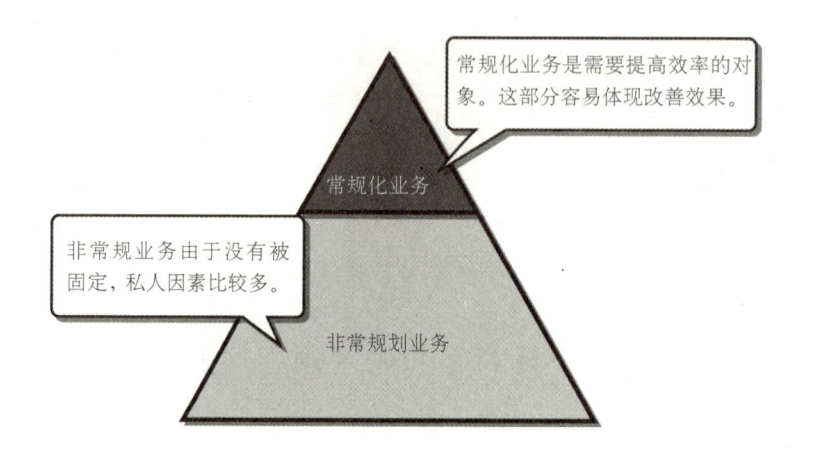

常规化业务是需要提高效率的对象。这部分容易体现改善效果。

常规化业务

非常规业务由于没有被固定，私人因素比较多。

非常规划业务

需要灵活处理。

我们先看看"常规化"是如何进行的。为了能使团队有效安排时间，最好的做法是让工作变得常规化。先制定出工作规则，规定具体工作的应对方法。这样一来，工作效率就能直线上升。同时，也能把工作沟通控制在最小限度内，保证各部门配合默契，工作顺利推进。

将工作常规化的关键是信息的一一对应。也就是说，一个信息对接另一个信息，使我们没有发生误会的余地。最典型的例子就是会计部门的工作。

公司进行经费结算时，通常都会有一定的规则，并且要求员工必须按照该规则进行处理。只要按照这个规则处理，即使是公司内素不相识的人来报账，我们也知道这个人提交的文件意味着什么。并且，只要稍微偏离这个规则，工作效率就会立刻下降。

为了一张发票给会计负责人打电话也是常有的事情。为了避免此类情况发生，公司也会制定一些规则，诸如要求按照发票开具时间的先后顺序，顺着或倒着粘贴发票。

为了保证工作默契无间地完成，最好能做到不假思索地"按规定"处理事情，而不是对所有的事情都一一斟酌之后再做定夺。所以，将工作常规化是非常有用的。

其实规则并不需要有什么具体的"意义"。你既可以按发票开具时间的先后顺序正着贴，也可以倒着贴。重要的是要有规则。

我想可以把这种常规化的工作称之为"**手续模型**"。

时间整理术 67

让工作沟通变得格式化

书写模板的关键是让沟通变得格式化。我们这么做的最终目的是建立起不用任何语言也能心意相通的顶级沟通状态。

政府机关就是通过这种简单沟通方式来处理大量事务的。虽然有人会瞧不起这种方式,调侃那是"死板的衙门活儿"。但就有效处理固定业务而言,这种方式还是有很多地方值得我们学习。

例如"申请书"一类的格式。当我们前往政府机关申请开具住民票[①]的时候,他们就会要求我们写一些比较简单的资料。虽然填东西有些麻烦,但这样一来不但能避免出现错误,还能提高效率。

与政府机关工作极为相似的地方还有银行前台,这也是通过填写申请书来提高效率的例子。这种做法不仅能提高效率,还能将填写在资料上的信息作为"记录"保存下来。

如果仅在团队内部,倒没必要格式化到政府机关的程度,但关键是跟外部人员的沟通。为此,最好是先跟外部的合作公司尝试一下这种做法。

---

① 类似居住证。日本没有中国这样的户口制度,人口可以自由迁徙。当日本人准备定居到某个城市,便可去进行登记,开具住民票。——译者

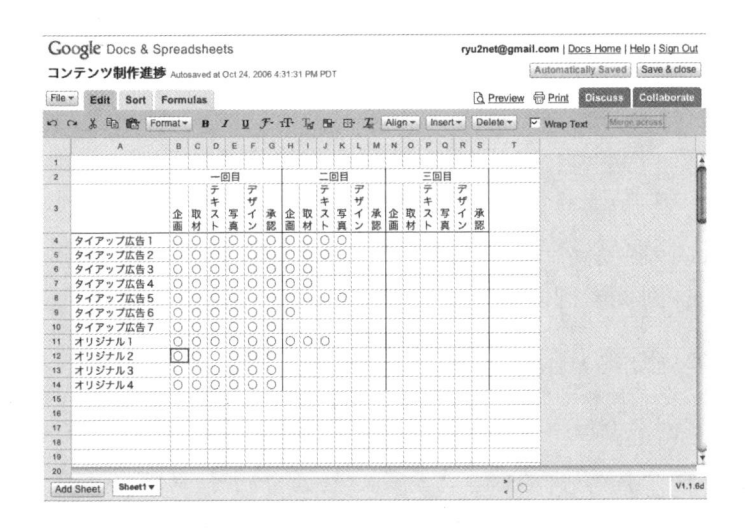

我曾负责过歌舞伎网络①的创作和编辑工作，我发现在编写文章时，需要频繁地跟外单位的制作人联系。为此，我把这些联系事务格式化后，也把进度日程简化了。通过使用这种"手续模型"，我不仅缩减了用于管理的时间，也消除了不少误解，减少了沟通时间。

Excel之类**电子表格软件正是制作这些文件的最佳工具**。我们事先准备好用来填写必要信息的表格，然后再让人将信息填写进去。电子数据不仅便于记录这些流程，还能方便我们事后参考。

制作好的数据可以通过Google Documents进行共享。但使用时要立规矩，并且要定期更新这些数据。

---

① 日本的一种以歌舞伎为主题的网络媒体，是一种品牌娱乐化（Branded Entertainment）的广告方式。供读者欣赏歌舞伎，同时还为公司做宣传。

时间整理术 68
将常用的固定句式添加到词库里

就沟通的格式化而言，**将常用的固定句式添加到词库里**也是效果奇好的妙招。

例如，我在电脑里输入"素蒙顾"，就会自动转换出"平素承蒙您的照顾"。"请关照"是"还望您多多关照"。如果输入"如不详"，就可以转换成"如有任何不详之处，请随时联系"。用起来非常方便，几乎到了屡试不爽、欲罢不能的地步。尤其是在写邮件的时候，没有这些简写输入法的话，业务效率也会大打折扣。

这些其实最终也是在说如何把沟通格式化的问题。

即使用"请关照"转换出"请多多关照"，我们想要传递的信息

登录常用的单词
根据业务内容不断增加登录的单词

素蒙顾	➡ 平素承蒙您的照顾。
辛苦	➡ 您辛苦了。
请关照	➡ 还望您多多关照。
地址	➡ 〒107-××× ■东京都……
邮箱	➡ ryusuke_koyama@……
如不详	➡ 如有任何不详之处，请随时联系。

是相同的,传递过去的信息也是相同的。其实就是相当于计算机协议(使用计算机进行通信时的约定事项)。我们可以通过沿袭格式,减少沟通过程中的浪费、错误及误解。

只要输入"素蒙顾,上次的事情怎么样了?如不详。请关照。"就能出来一封正经的回信。

时间整理术 69
将业务按三级跳远分成三个阶段

手续模型基本上是线性流程。它的业务就像家电产品使用说明书一样,要完成第一步之后再做第二步,最后做第三步。只要按照说明书的指示做下去就不会出现问题。

因此,将某个业务编入手续模型时,一定要先把它转换成线性流程。**基础就是三级跳的单足跳、跨步跳和跳跃这三个阶段。**

对于个人而言也是如此。在重复某个步骤的时候,有时我们会采取 A → B → C 的顺序,而有时则会采取 B → A → C 的顺序。

我有个毛病,很不安分,喜欢跟人对着干。所以在做同一种工作的时候,常会在不经意间出现上述的情况,而这么做常会导致出错。如果是一个人的话,自己咽下苦水就可以了。但如果是团队的工作或跟伙伴企业合作的话,这种失误可能就是致命的,而且也会成为降低效率的一大因素。

PLAN ⇒ DO ⇒ SEE

就前面列举的编辑程序而言,我把工作分成了策划、报告制作和设计这三个步骤。而在每一个步骤里我所接触的人都是不同的:在策划阶段,我与策划人一同工作;在报道文章的写作阶段,

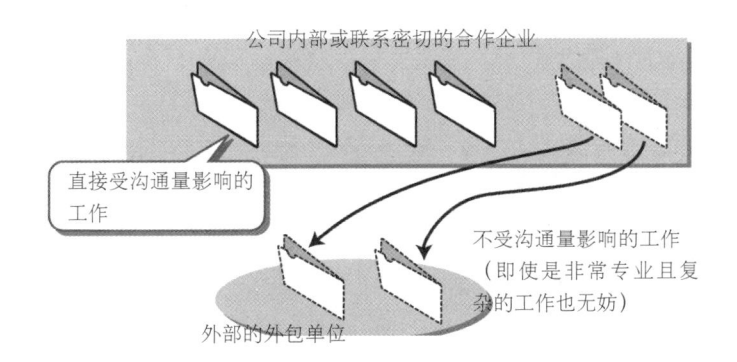

[图：公司内部或联系密切的合作企业；直接受沟通量影响的工作；不受沟通量影响的工作（即使是非常专业且复杂的工作也无妨）；外部的外包单位]

我要同绘图人员、摄像师以及采访协调员共事；而在最后设计阶段将会与设计师一起工作。

这种三步骤的有名实例就是 PLAN → DO → SEE。即实施计划，最后再验证结果。虽然策划是个非常复杂的工作，不过只要我们把从实施到验证的**步骤先分成三段式来做，就能做好安排，让我们能够靠直觉去把握**。

时间整理术 70
把常规化的工作外包出去

有一部分工作能够变成手续模型，实际上也不需要进行太多的沟通，因此从这一点来看，这部分工作是可以外包出去的，或者是可以派给临时工去做的。

判断是否要安排这样的外包业务，要看这部分业务是否为自己的核心竞争力（只有该企业所拥有的能力）。不过实际上根据这项工作所需沟通的质和量的不同，判断结果也迥然不同。如果把**需要进行密切沟通的业务外包出去，由于太费工夫，反而无法降低成本。相反，把那些不需要沟通的业务外包出去，则是个不错的做法。**

对于这点，依照"申请书"这一标准来看，会更容易理解。

最具典型意义的外包业务就是货物的配送业务。每一家配送公司都有各自的运送单格式。只要填写这个单据，就不会出错。从这个角度考虑，只要写好申请书，其他的业务就可以委托给他人，这部分就是可以外包出去的业务。

在提倡理性主义的美国，这一点贯彻得非常彻底。例如，年底的年度纳税申报，他们就把该业务外包给了印度。因为只要进行计算就可以，也不会存在沟通问题。**只要是适合"手续模型"的工作，就可

以进行越洋委托[①]。这样一来就能把以前花在这部分工作的时间腾了出来。**可以将这部分时间用在附加价值更高的业务上。**

考虑到这类情况，例如在公司内部，为了避免自己的工作被外包出去，就要跟其他部门保持密切沟通，并且通过各种方式的沟通，给对方提供更多的附加价值，满足对方的要求。

如果一味地等待对方的指令，等有了指令才开始工作，且除了指定内容外，不再多做任何工作，那么这个企业被外包的日子就不远了。

对个人而言也是同样的道理。如果我们不想被人评定为"可有可无的家伙"，就不能只做常规的工作。

这就要看我们如何努力去做不常规的工作了。下一个妙招我将向大家介绍有关这种非常规工作的技巧。

[①] 阅读托马斯·弗里德曼的《世界是平的》，就很容易理解这种情况。美国作为英语圈国家，一直以来最容易面临来自全球的竞争。国内的常规工作受国外廉价劳动力的冲击，导致价格不断下降。另一方面，日本虽然受益于"非关税壁垒"而免受竞争的压力，但这又能持续多长时间呢。

时间整理术 71
从公司内部集结"七武士"

非常规工作中经常会发生不常规的事情，可谓是硝烟战场，无规则可言。相对于"手续模型"，我想把此类业务称之为"生存模型"，他指的是在前途未卜的状态下，怎样才能生存下来。这里根本没有规则或其他什么可言。

然而，越是这样，越能体现得出团队真正的"战斗力"。

就战斗力而言，IDEO 是一个非常优秀的团队。它是一家设计公司，经常从事新产品和服务的开发。据该公司相关人士介绍，生存团队需要 10 种员工（"人类学家"、"实验师"、"异花授粉者"、"跨栏运动员"、"共同合作人"、"导演"、"用户体验设计师"、"舞台设计师"、"护理师"、"说书人"）。**为了应对各种非常规的工作，我们需要来自团队内的各种专业性的看法。**

就公司内部项目而言，项目越新颖，就越需要尽最大可能集齐各种人才，这样才能应对不确定的情况。

传言日产汽车公司之所以能恢复业绩，就是因为其背后有跨职能团队在支撑。只要能建立起跨越多个部门的灵活的团队，即使在局势瞬息万变的战场，也能幸存下来。

老的如黑泽明的《七武士》到《星球大战》（*Star Wars*），新的有《指环王》（*The Lord of the Rings*），这些电影所体现的主题亦是如此。优秀的团队聚集了能够完成各类任务（角色）的成员。当团队中的各种力量集结起来，团队就能发挥出最大的能力。

然而，集合各类成员是件非常困难的事情。需要"整合分工"，把以往企业内部分工处理的工作统一起来。

为了将分开的工作整合起来，我们便需要进行跨部门的学习。

时间整理术 72
泛读 10 本未曾涉足过的领域的书

上述的"整合分工"是件非常困难的事。进行整合的人对于准备统一的业务，虽不需要有非常专业的认识，但至少得了解一定的专业知识。因此，他一定要进行跨业务范围和跨部门的学习。

你虽然不用成为实际参与者，但必须掌握这些知识在什么情况下能够发挥作用。就像指挥家，虽然自己不拉小提琴，但如果不了解小提琴是怎么发出声音以及应该如何有效利用这个声音的话，他是无法成为指挥家的。

因此，**我们需要在最短时间内掌握相关知识。而最常见的方法就是阅读一本又一本相关书籍**。尤其是读上几本入门书籍之后，由于关键部分会反复出现，所以在读的过程中，你就能掌握这些内容。

另外，读完几本书之后，你就能自然而然地揣摩出专业知识的内部构造。而这些构造在不同领域里大都具有共性，很快你就能发现"这个部门的某部分相当于自己部门的某部分"。拿音乐来讲，小提琴和萨克斯虽然在演奏上存在不同之处，但就音乐理论而言是存在共性的。就拿我来讲，我的学习范围也并未局限在经济领域内。就像我在这本书里所讲述的内容，也并没有引用经济领域理论，而是引用了其他领域的推论（类比）来进行说明。

前面我曾用爵士乐或迷幻音乐进行过说明，使用这种说明方法也是为了激发大家丰富的创造力。实际上有很多音乐领域里的框架能够应用到商业领域。我曾看过营止戈男的采访报道，他是位歌手，不过出道前曾当过上班族。他曾在采访里说过："我的演讲不错吧？"其实音乐的灵感和演讲的灵感是有共性的。

时间整理术 73
把不投缘的人纳入团队

赫曼模型是一种基于大脑生理学来测试人思考习惯的方法。根据该模型，大脑可分为四个部分，每个部分的特征如下：

①新颖且偏右脑的大脑 = 灵感型

我本人就属于这种类型。这类人是靠一闪而过的灵感去考虑事情，逻辑经常出现跳跃，其他人很难跟上这类人的想法。这类人适合当艺术家，但也容易栽跟头。

②新颖且偏左脑的大脑 = 逻辑型

考虑事情时非常认真地推敲逻辑的类型，咨询顾问是这类人的典型。因为不太理解感情，所以容易碰触他人情感的逆鳞。

③陈旧且偏右脑的大脑 = 人情型

陈旧的大脑属于保守型。给它加上右脑因素，就产生了富有人情味的思考类型。这类人行动时比起逻辑型更看重人情，跟逻辑型人群非常不合。

④**陈旧且偏左脑的大脑＝孜孜不倦型**

属于孜孜不倦、勤勤恳恳的类型。项目进程管理人员很多是这种类型的，他们是组织里不可或缺的人才。不过，他们跟灵感型人群非常不合。灵感型人群所说的事情经常让孜孜不倦型人群觉得非常不合理，而孜孜不倦型人群丝毫不通融的做法，也会让灵感型人群抓狂。

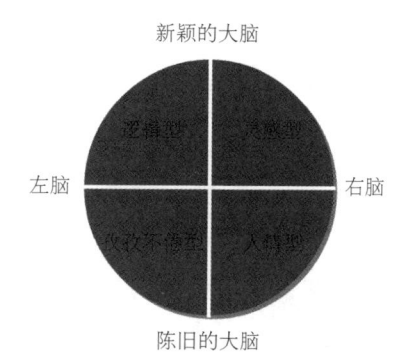

新颖的大脑

逻辑型　灵感型
左脑　　　　　　　　　右脑
孜孜不倦型　人情型

陈旧的大脑

＊位于正相反位置的类型之间互不投缘

一个团队里这四种思考方式都是不可或缺的。一个团队不仅需要灵感型人才，还需要孜孜不倦型人才来实现灵感型人才的想法。同时，人也不是仅凭逻辑而动的，人情的存在也是必要的。

我觉得思考习惯相反的人可能会不愿跟对方相处。但是，只要克服这一点，尊重对方，同心协力推进项目，这个团队就会产生新的化学变化。

综上所述，在运用团队妙招，尤其是开展非常规项目时，**在考虑"如何开展"之前，首先考虑"与谁一同开展"更为重要。**

就我个人而言，由于我本人是灵感型和逻辑型的组合体，所以很难和人情型和孜孜不倦型的人合作，但我必须努力去接受他们。如果连这点肚量都没有，也就没有资格做团队领导了。例如，公司的总裁必须是拥有上述四个思考习惯的"全脑型"。

时间整理术 74
制定越位规则

前面我向大家介绍了两种工作。一种是制定规则并不允许超越规则的常规工作，另一种是没有任何规则可言的非常规工作。

然而，很多业务都是这两种工作组合在一起的半常规型工作。有时虽然已经制定出了部分规则，却不是每次都会按相同规则处理。有时虽看重原理原则，但在现场处理事务时，则需要我们个别情况个别处理。

半常规的特征是，不需要设定像常规工作一样的死板的条条框框，**只需要设定一些最基本的规则，在此基础上发挥丰富的创造力。**

就像近代足球，据说它是通过设定越位规则而成立的。[1]

在这之前，足球选手只要留在前线等待别人传球过来，再射门就可以。可是自从有了越位规则之后，这种伏击行为就被禁止了。因此，前锋就不能躲到对方后卫的后方等待传球了。这使得足球摇身一变，成为了一项富于战略性的运动。

这个例子告诉我们，半常规工作不同于常规工作，**通过制定规则，**

---

[1] 足球规则是于1863年作为"出界规则"而成立的。之后经过在接到传球的前锋前面设定三个后卫的三人体制的越位规则之后，于1925年演变成了现在的双人体制的越位规则。为了使足球比赛更具趣味，游戏规则也经过无数次的摸索。

我们可以期待更具创造性的产物。作为团队，我们要制定规则来"禁止做某事情"。越位规则的制定，可以促使人们"开动脑筋"。就常规工作而言，其规则是要求人们"无须动脑"。

举个例子，被称为现代广告之父的大卫·奥格威（David Ogilvy）曾说过："有调查结果显示，人们很难识别空心文字。"那么这句话是在说只要不是空心文字，其他所有文字都可以吗？当然也不是。他想强调的是就算不用空心文字，也要做出优秀的广告。

当然，这里隐含着某种矛盾。"降低成本，但要提高性能"的要求与此如出一辙。要**"同时"完成两个相互矛盾的事情**，就是越位规则的关键所在。足球的越位规则体现的理念是"如果你是绅士，就不要采取伏击行为"，同时也在要求"即便如此也要提高分数"。

所谓高明的规则是以这种"相互矛盾的提问"的形式体现出来的。为了回答这个问题，人们会绞尽脑汁地进行思考。为了在团队内创造高浓度的时间，我们需要在团队内共享这种高明问题，并为找出问题的答案而齐心协力开展工作。

我准备将介于"手续模型"和"生存模型"之间的半常规化工作称之为"体育模型"，这里我们只要制定一些恰当的规则，**就能够提高技术**。正因为被体育化了，技能才能得以体系化，我们才可能掌握这种越来越成熟的技术。

时间整理术 75
把一个人的工作分给两个人做

对于体育模型的业务，我在前面讲到技术能够通过磨炼变得纯熟。最具典型的表现就是营销工作。它绝对不属于手续模型，营销员面对的客户千差万别，所以他们使用的营销语言肯定不会相同。

然而，其中还是存在一定的规则。只要你能依据这个规则，不断积累经验，就能成为优秀的营销员。在规则中不断磨炼，使技术不断成熟的过程与提高体育运动技巧的过程很类似。

这过程的**关键在于不断重复**。如果你老做一次性的业务，得不到重复锻炼，那么你的业务技巧最终仅能适用于某个特定场面。而对于体育模型的业务，我们可以通过反复地进行相同业务来达到熟练的目的，进而提高效率和成效。

这里有一个能提高团队成员技术熟练程度的妙招，就是硬把一个人就能完成的工作分给两个人做。具体将此妙招付诸行动的公司是"HATENA"。

据说在"HATENA"，应用程序的编程都是由两个人共同进行的。因为有高手从旁协助，又是两人一组，所以另一个人的水平也就自然而然会有所提高。而且，两个人在相同环境和状态下工作，还能让他们共享平时很难共享的"经历"。

两个人一起工作还能产生更高的效率。首先，**两个人一起工作就无法偷懒**。（笑）因为他们都知道自己在占用另外一个人的时间，所以会有意识地尽量提高工作效率。而且两个人一起工作也不容易出现错误，即使有问题出现，**也更容易找出解决方法**。正所谓当局者迷旁观者清，如果你在一旁看别人工作，你会比他更容易发现错误。

我在前面提到的营销水平的例子也是如此。公司老员工对部下说："你什么也不用说。"然后就把部下领到工作第一线。在那里，部下在一旁观察老员工的所作所为和第一线的工作内容，耳濡目染，逐渐掌握了相关知识。**那里就有书本上无法学到的工作技巧。**

对于手续模型的业务，一个人能完成的工作最好是由一个人做，发挥的是"加法"的作用。然而，对于体育模型的业务，由于它所要求的是"技巧"，体现的就不只是加法了。

如果聚集了几个团队成员，却都不懂技巧，那就连加法都无法进行，零最终还是零，也不会出现营销成果。因为这是**靠技巧来实现的"乘法"世界**。

在这个**乘法世界里，出现什么样的化学变化才是关键所在**。我在前面提到的 IDEO 多样化的团队结构，也正是为了促成这种化学变化而存在的。靠两个人共同开展工作来传递技巧的妙招，实际上也是化学变化的基本秘诀。

时间整理术 76
重要的会议要站着开

手续模型业务的性质是尽量减少沟通，而生存模型和体育模型的业务则恰恰相反，沟通的量反而会质变成产出（output）。为此，最好需要时常碰头，相互沟通。即使会浪费一些时间，也最好是忍痛割爱，花些时间直接去跟对方面对面交流。

我在前面也提过，这里关于时间的概念需要有个转变。例如花30分钟时间去面谈，在加减法的世界里只有负面效果。因为这些事情用电话或电子邮件就能解决。

但是在乘法的世界里，**就算花费30分钟时间去见面，只要在这件事情上的乘法变成2倍、3倍，花费的时间就物有所值。**

关于会议，开几次短会要比开一次长会效果更好。此时，**比起时间的"长度"，"浓度"更为重要。**我非常希望大家能够采用"HATENA"公司推行的立式会议，抓住在走廊擦肩而过的机会，开个简单小会来掌握工作状况。并不是只有事先预约好会议室的会议才算得上是会议。只要有交流，就是一种会议。

换一种说法就是**在一定程度上容忍信息的冗长性（浪费）**。我们在写电子邮件的时候，用"平素承蒙您的照顾"开头，这也是一种冗长性的表现。即使你心里是在想一直以来承蒙对方的关照，但在写这句话的时候，你的目的并不是要把自己的这种想法传递给对方，而是由于这是约定俗成的规矩，这在非常规和半常规业务中同样也很重要。站着开会的时候，就连在进入正题前讲个小笑话，也对顺利完成沟通有很大帮助。

这也正是因为有了时间的乘法运算才变得有价值。如果我们做常规化工作时进行此类交流，就只会成为一种浪费。但为了获得富有创造性的产出，这种看似浪费时间的行为也有必要去做。

时间整理术 77

团队时间的加法与乘法

在前面内容里，我一边比较常规化、非常规化以及半常规化业务，一边向大家介绍一些妙招来发挥团队的作用。生存术不仅对个人有用，对团队也十分有帮助。

不过，对于时间的计算方法，需要进行"典范转移"（Paradigm Shift）。也就是说，**不对时间使用加法，而是要进行乘法运算。**

如果团队构成不佳的话，可能就连每一位成员的能力简单相加而得出的成果都无法实现。这种案例随处可见。

相反，由于团队构成科学合理，每一位团员都能出色地完成各自的任务，使得团队所表现出的能力远远超出了每一位团员各自拥有的能力之和。这种案例也不胜枚举。这里所体现的就是我在这篇团队妙招里向大家介绍的方法——根据业务类型决定工作开展方式以及聚集多种多样的成员来组成团队的方法。用一句话来总结，就是考虑事物时不要用加法而是要用乘法。

那么为什么会变成乘法？那是因为**团队的表现能力是根据成员的相互关系而创造出来的。**

在团队中是否能建立起取长补短、默契配合的关系？能否实施正确的工作流程？隐藏于团队背后的其实就是这种复杂的网络。

成员 A　×　成员 B　＝　表现能力

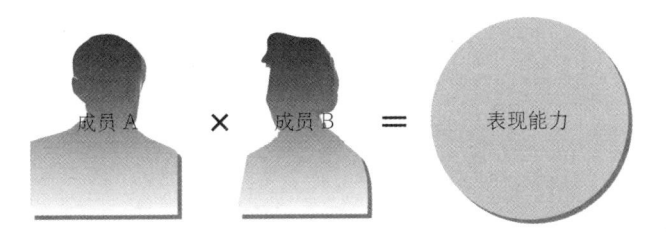

　　最终这将会超越团队与个人的框架，发展成为社会与个人的框架。在接下来的"计划妙招"里，我想跟大家共同思考一下这种社会与个人的相互关系。

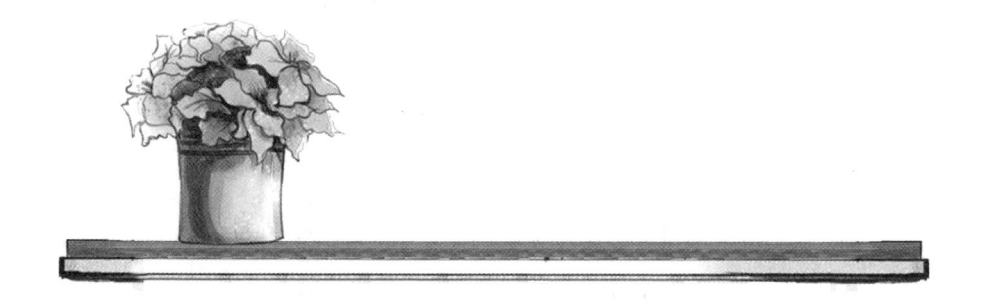

Chapter 6　计划妙招

人生的微分与积分

时间整理术 78
按季度制订计划

在前面章节里我向大家介绍了像 ToDo 和日程表管理等短期的时间管理方法。在这个章节，我要向大家介绍一下周期稍长的时间管理方法。因为，要管理一生的光阴，仅靠 ToDo 和日程表是远远不够的。

首先向大家推荐的是**以三个月为单位来划分一年时间的方法**。这里所说的三个月，相当于三学期制学校里的一个学期，也相当于企业里的一个季度。学校和企业都采用这个单位，其中必定是有某种意义的。这里向大家介绍的妙招就是要告诉大家如何才能把这种方法运用在个人计划的制订当中。

让我们来回想一下我们的学生时代。那时我们都能感觉到自己每个学期都有一定的成长。但我们长大成人之后，就会觉得时间转瞬即逝，也看不到自己的成长了。

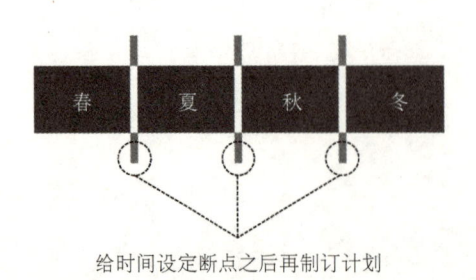

这说明我们年轻时的生活过得非常充实，同时也在提醒我们现在的日子过得太过懒散了。即便我们想重过一次那段充实的日子，也难以实现。不过，我想我们至少要**重新找回当时的时间分配的感觉**。

给时间设定断点之后再制订计划

每三个月制订一个计划的优点是可以与日本独有的季节感相互联动。春、夏、秋、冬，这四个季节在日本都各自包含着不同韵味。万物复苏的春天，生机勃勃的夏天，硕果累累的秋天以及在天寒地冻中养精蓄锐的冬天。找回这种节奏感也是计划妙招的关键所在。

时间整理术 79
在计划里体现出季节感

①春天要开始新的常规工作

春天是新学期开始的季节，也就是说，春天是最适合开始新计划的季节。期盼已久的樱花烂漫之季，到处洋溢着生命的活力，我们应该把这种跃动的气息完完整整地反映到新的计划中。

于是，我们需要**开始新的学习**。做做体育锻炼，伸展伸展筋骨也不错。跟上春暖花开的步伐，不断扩大自己的兴趣范围，并从中获得与人相识相知的机会，这就是春天。不要犹豫，大胆地走出家门去与人接触，不断扩大自己的活动范围。

②夏天要集中精神进行短线操作

夏天要进行短线操作，充分利用盂兰盆节的长假时间，划分几个阶段，集中处理事情。你可以**设定几周或一个月左右的时间来埋头专攻某一件事**。由于这个季节正值苦夏，比起周期较长的计划，短期内就立竿见影的计划更容易完成。而且，昼长夜短也是这个季节的优点。早晨太阳升得比较早，天气也比较暖和，所以也容易早起。光这一点就能让我们更有效地利用时间。

我为了去商学院，也是从夏天开始学习英语口语的。当时我也是进行短期集训，几乎把所有的闲暇时间都用在学习英语口语上了。我的这一计划得以完成，还得感谢夏季赐予的恩惠。

③秋天是收获的季节，要尽情享受丰硕成果

我给秋天的定位是让在春天和夏天开展的工作开花结果的丰收之季。例如，你在春天开始了英语口语的学习，那么在这个季节你就可以安排一趟海外旅游，去验证一下你的实力。这个季节的时间还可以这样分配。

因为这个季节一结束，马上就会进入冬天，所以总让人觉得提不起干劲。因此，如果你想要做点什么，就要抓住这个最后的机会。再加把劲，做完所有的事情。

在秋天，我们还可以开始做一些使人能平静下来的工作。有人说秋天是艺术的季节，这个季节比较适合开展文艺活动，翻开夏天没能地静下心来读完的厚厚书页细细品读，也是个不错的选择。

④冬天适合反思过去

冬天昼短夜长，严寒萧瑟，不仅早起非常艰苦，晚上也不愿出去散步。在这样的季节里，我们可以**回顾一下自己到秋天为止所开展的活动。**

12月，尤其大年三十①是非常重要的日子。你是否能珍惜时间、过得充实，在于你有没有反思过去。大年三十是回顾反思这一年的绝好时机。说得夸张一些，甚至也是回顾你走过的人生旅程的绝佳时机。

如果这一天我们没能认识到与去年大年三十相比有何不同之处，那就等于是白白虚度了这一年的光阴。因此，我们要认真地清点一下

---

① 日本人过阳历新年，所以在这里指的是公历12月31日。——译者

自己在这一年里所取得的进步。

我们要利用这个冬天**认真思考，制订来年开春后的活动计划**。整个冬天宅在家里，需要做的事情就是收集信息。要想在春天一吐在整个冬天无法放手大干的积郁，认真收集信息是必不可少的。然后，基于收集到的信息，制订计划，冬天就是这样的时节。

我在这里向大家介绍了分季节来制订计划的方法，但重点不是要大家完全按照这个标准来做。只要大家有意识地去划分时间段，并且分别给每段时间赋予不同的任务，就会收获不错的效果。

时间整理术 80
制订旅行计划

我希望大家在三个月的日程里加入一次旅行计划。这样一来，就能让自己远离办公室一段时间，让工作有张有弛。

以三个月为单位把一年分成四段，也是为了给你的时间设定一个断点。也**正因设定了这个断点，我们才能感觉得到时间的有限性，才能更加珍惜每一天**。然后，我们再通过加进一次旅行计划，给人生这篇散文加一个"逗号"。

旅途中的时间使用方法和办公室里的时间使用方法性质完全不同。与以分钟为单位安排行程的观光旅游不同，在时间比较宽松的自由旅行中，我们可以根据当时发生的事情和心情，调整自己的行程。这时你几乎没有一秒钟的时间是花费在别人身上的。要说有，那最多也就是给亲朋好友选购礼物的时间。所以这时，所有时间都是为自己使用的（家庭旅游的话，则另当别论）。

在这种情况下，我意外地发现很多人居然不知道该如何去享用这段时间。终于有人说"好啦，你可以把时间都花在自己身上了"，可你却不知该如何享受。如此宝贵的时间就这么白白给你浪费掉了……当然，这时的焦躁感也可以算得上是个非常宝贵的"发现"。

有这样一个故事。有人曾要求某位专业摄影师"像业余摄影师一般去拍摄纽约"。没想到这个要求却让这位摄影师突然发现自己不会拍摄了。虽然他作为专业摄影师可以拍摄出无数符合专业要求的大片，但却失去了业余摄影师特有的新鲜感。从那以后，他在摄影时总会问自己一个最基本的问题——"我为什么要拍照片？"

也许我们可以像这位摄影师一样去纽约看看。在那里，我们**再次问问自己："这次不是为了满足他人的要求，而是出于自身内心的欲求。我到底想要为自己做什么？**"这才是我们设定旅游计划的目的所在。

时间整理术 81
从目标图景倒推，来制订计划

制定目标的关键是要当自己在制定最终目标。通过从最终的目标图景（goal image）往前倒推，我们可以制定出具体的日程计划。**只要能够清晰地勾勒出最终目标图景，我们就很自然而然地看清到达终点的路径。**

然而问题在于我们无法清晰地勾勒出目标图景。我本身对自己的目标图景也比较模糊，2006 年，我在编写单行本《时间整理术》之际，曾希望自己有那么一天能建立起一个"能够不断创新的、快乐的公司"，但一直以来我都不太清楚它具体该是个什么样的公司。不过，即便是模糊不清的图景，也能引导我们走向终点。

实际上，我所设想的这个公司最终在 2009 年得以成立，公司名为株式会社 Bloom Concept。现在，这个公司以提供咨询服务的形式，参与各种新产品的开发和新业务的开展活动，如今她的确成为了"能够不断创新的、快乐的公司"[①]。

在 2006 年的时候，我还设想过开展培育新型业务的孵化事业。不

[①] 顺便说明一下，所谓"快乐的公司"，就是使每一位相关人员都能感觉得到自身成长的公司。我认为可持续发展的组织自始自终都应该是一个优秀的教育机构。而优秀的教育机构虽然会重视个人以往所积累的经验，但不会仅仅凭借这些进行评判，她还会将焦点放在他们今后的可能性上。

过这个目标至今还没有实现。即使到了 2012 年，我对该事业还没有具体的"到什么时候"或"多大规模"等的图景。

即便如此，我仍向大家推荐从目标终点往回倒推，来制订计划。**其原因是世上没有比不知道终点的马拉松比赛更艰苦的事情**。我们可以不知道目标终点是什么景象、那周围的风景又是如何，但一定要有终点。因为没有什么能比"那里一定是终点"的信念更能激励人们奋勇向前。当我们面对困境的时候，我们不仅要勾勒出"目标图景"，还要**让自己相信"终点就在那里"**。这是很重要的。

如果把每三个月制定一个计划的做法比喻成画"逗号"，那么终点就是"句号"。我们达成了一个目标，也就相当于一篇文章结束了。就好比所有的文章都会有句号，无论什么事情，一定都会有个断点。

具体来讲，我想向大家推荐**以三年为单位设定一个目标的方法**。正所谓"连坐三年，冷石变暖①"。任何事情，只要坚持三年，便能取得一定的成果。即使中途你会忍不住怀疑自己是否真能够取得成果，也请咬紧牙关，先坚持三年看看。

接下来，我们再**设定十年左右稍微长远一点的目标**。如果你是二十出头的人，就设定一个目标来决定自己"到三十岁之前要完成哪件事情"。如果你是三十出头的人，就把目标设定到四十岁。我们应该像这样通过设定时间断点来制订计划。

十年磨一剑。有了十年的时间，我们总能完成一些事情。即便无法明确勾勒出具体图景，我们也要先告诉自己"终点"就在那里，然后朝着这个终点锲而不舍，不断前进。

---

① 日本谚语。意思是就算是在冰冷的石头，在上面坐上三年，也能把它坐暖。——译者

时间整理术 82
紧跟时代步伐

在我们朝着十年期长远目标大步前进的过程中,有个关键点就是年代,即你属于哪一代人。如果年龄相隔 10 岁,那么这两代人成长的环境也会截然不同。如何捕捉这种环境的变化,这里就有年代这个问题。

举个例子,我是 1975 年生的。换而言之,我是被人们称之为"**76 世代**[①]"的人。网络是在我读大学的时候开始变得商业化的。所以我从年轻时起,就已经很熟悉网络了。我想大家也知道,也就是从我们这一代人起,陆续出现了很多新兴的网络公司。

在这样的学生时代,有一件事给我留下了非常深刻的印象。一天,我有机会跟一位报社工作人员交谈,对方跟我说"(网络)那东西可信度太低,最终还会是纸质报纸的天下"之类的话。对于网络时代的人而言,他是个"十足的呆子"。但当时我也没能找出反驳的语言,只觉得他的观点有些不对劲。

然而,过了十五年之后,纸质报纸却是日趋衰弱。当然,我不是说网络就是完全正确的。但是,如果你盲目地相信只有自己才是正确的,

[①] 指的是日本 1976 年前后出生的网络公司创始人或工程师。他们上大学时,因特网开始普及,所以他们比上一代人更能从用户的立场出发来构思商业模式。

那么你就无法跟上时代变化的步伐。

最近，几乎所有的人都用上了智能手机，而且在社交网络开始普及的 2004 年读大学的 86 年代的人，已陆续走上了社会舞台。开始推行"宽松式教育"制度，也是这一代人的特征。所以也有人将这代人称为"宽松的一代"。

这一代人，在我看来总觉得有些靠不住，他们不守纪律，还有些无知。如果要吹毛求疵，那他们的不足之处可谓不胜枚举。但是，如果不能摒弃这种态度，我们就会变成跟那位认为"网络靠不住"的报社工作人员一样的人，也就发现不了新的可能性了。

每当出现这种新一代人的时候，我认为**能否让自己重新蜕变成这一代人，也许就是让你持久活跃在第一线的秘诀所在**。也就是说，对于新一代人身上存在的问题，不要作为外观者去品头论足，而是要站在这一代人的立场上，以建设性姿态去面对他们。当然这是在改变自己，做起来并不容易。所学的知识越多，身上背负的东西越多，蜕变起来就越困难。但是，每当这时候，都需要你拿出勇气，舍弃你现在拥有的东西，蜕变成崭新的自己。

就我们这些"76 世代"的人而言，我感觉现在就是我们要进行蜕变的第一个时机。

我认为在漫长的人生旅程中，我们至少还要反复进行 2～3 次这样的蜕变。而在这个过程中，能否蜕变成新一代人，也正是我们能长久享乐人生的秘诀。

时间整理术 83
分段位管理计划进度

书道、柔道、剑道这类日本传统技艺使用了"段位"的体系来传承"形式"。

通向高手路途是很遥远的，这种艰辛总让人心生退意。为此，人们就利用了段位的体系，给这个过程设定了分界点。

从二段晋升为三段的这种升段体系，不仅发挥指标性作用，评定技艺水平是否提高，同时还发挥着原动力的作用。我曾在《ToDo 妙招》中也向大家介绍过，只要能感觉得到事情在向前发展，就总能让你坚持下去。**自己充当段位认证机构，自作主张地认证自己为二段、三段，这在动机管理上是非常重要的。**

顺便说明一下，如果想要设定段位，就需要在某个特定的领域拥有高段位的水平。例如，运动员非常了解自己要练到什么程度便能到高段位水平。所以，他们大概也能想象得出在其他领域里要做到什么地步才能达到高段位水平。

所以，从这一点看，也许**首先在某一个领域达到高级水平在人生规划中也很重要。**就算这条路对你来说也许并不是最佳选项，但你首先深度了解这个领域，你就能看得出其他领域的高级水平，也能很轻松地制定出计划。

高中的时候，我有幸得到一个机会去采访哲学家梅原猛先生。当时梅原先生也教导我说："首先要在某一个领域做到出类拔萃。"

但是，我本人却偏偏是外行人爱好多，很多事都不能坚持到底、提高水平，结果到目前为止都没有一个特别擅长的领域……即便如此，在工作上碰到了非常优秀的人，我都会感慨"想达到这种水平真是不容易啊"，也能切身感受到什么叫"路漫漫其修远兮"。然后我暗自将那个人的水平定为"黑带"级别，把这样的高手定为自己努力的方向。

时间整理术 84
把自己的梦想设定为手机待机画面

普通手机有待机画面,智能手机有壁纸。此次介绍的妙招就是要请大家把自己的梦想设定为待机画面或壁纸。在手机的待机画面中显示出自己的梦想,正如"待机"字面意思那样,就是让梦想"等待"你去实现。

要想实现梦想,就得不断提醒自己有这个梦想,这是非常重要的。所以,手机的待机画面是不二的选择。

这个梦想可以不用语言来描述,而用图像表示。例如,如果你想今后去美国大显身手,那么就可以把美国的风景设定为手机的待机画面。这样每当看到这个待机画面,你就会想起自己的梦想。

手机是交流沟通的工具,这一点也许也是它适合用来承载梦想的原因。梦想原本也是在人与人交往过程中逐渐形成的。一个人利己的梦想不过是单纯的私欲,很难称之为梦想。每次准备进行交流之际,它总能让你想起自己的梦想。其实这也就是相当于在不断地问自己:"我的梦想是不是自私的?"

我的梦想是不是真正意义上的梦想?为了不断验证这一点,我们也需要在手机这个交流沟通工具上记录下自己的梦想。

时间整理术 85
继承师名，培养使命感

我还有一件想要做的事情，那就是"继承师名"，就像在歌舞伎等领域，人们除了自己的名字之外，还要继承一个有着历史渊源的名字。

我想如果在商业界里存在这种继承师名的情况，那也应该是件有**趣的事情**。如果，商业界里也有精湛的技术，也有支撑这些技术的体系，那么由该技术的继承人一代一代将师名继承下去也无可厚非。

事实上，早在江户时代就曾有过"第几代××"这种继承师名的历史。到了现代也有一些百年老店仍然承袭这一传统。只不过，就算商界里有此类继承师名的体系，我本人也是干什么都三分钟热情，所以实在没有资格来继承什么师名。

这个继承师名的体系有一种不可思议的力量，它能改变人的时间观念。继承师名，无疑也是要继承历史。这样一来，你所拥有的就不仅仅是80年的人生，如果在歌舞伎的世界，那就是让要让自己置身于400多年的悠悠历史之中了。这样一来，你就会拥有跨越自我人生、从长远角度出发的时间观念。

就商业而言，行业的盛衰也或多或少跟从事这一行业的人有着千丝万缕的关系。当你拥有了这种观念后，你就会**发觉自己跟社会有了新的关联**。

例如，在你所从事的行业里也一定会有不少富有传奇色彩的人物。或者你也可以找个自己公司的老前辈。然后自作主张去继承那个人的名字。

你在内心悄悄地继承师名之后，接下来就要去寻找自己应该完成的"使命"。换句话说，那个以前一直被称为"梦想"的东西，在你将它摆放在与其他人的联系中（继承师名）的那一瞬间，就变成了你的"使命"。通过此举，你参与工作时的态度也一定会发生一百八十度大转变的。

既然有继承师名，那么就也会有被继承的情况。即便是非常重大的工程，我们也大可不必独自完成。**只消把从前人那里接过来的接力棒继续传递给下一代即可，因为这也是件非常了不起的事情。**

人这一生，看似漫长，实则苦短也。

时间整理术 86
在社交媒体上写出梦想

这么一路看来，我们更加能够切身感受到：那个我们称之为梦想的东西，所体现的并不仅仅是个人想法，而是包含了周围众多人的想法。

"继承师名"这个方法向我们展现的是，其实我们的梦想有时是存在于从过去到现在乃至未来的宏大故事中。在这一阶段，我们的梦想会变成为一种"使命"。

既然是这样，我们就**不能独自霸占梦想，而是应该与别人分享才对**。

因此，我想建议大家把梦想编辑到 Facebook 这类社交媒体的个人档案里。如果你觉得难为情，那就说明你的梦想难以升华为使命。因此，请务必把你的梦想变成你个人档案的一部分。

但是，有些人为了满足在社会中的自我表现欲，会吹嘘一些自己的"伟大"梦想。这样一来，哪个是谎话，哪个是真话，就很难辨别了。

"动机至善，私心了无。"这句话出自京瓷的名誉董事长稻盛和夫，他在开创第二电电公司之际，在长达半年的时间里，一直反复询问自己是否"动机至善，私心了无"。对于这个问题，如果你能心如明镜，颔首称是，那么你就应该能够自信满满地将你的梦想公诸于众，把自己展现给大家。

也许这实行起来有些难。要用一句话概括，那就是能在众人面前开诚布公。就是向大家宣布"我要这么干！""我就要这么做！"。所以，请不要害羞，试着大胆地把梦想搬上社交网络，天空海阔，畅谈一番吧。

而且重要的是，这样一来你或许**能结识一些与你志同道合的朋友**。

社交媒体是在提供能够将人与人联系在一起的服务，那里很有可能让人与人因志趣相投而走到一起，而这种"乘法效应"也正是扩大人脉的妙趣所在。

时间整理术 87

生存术要先于人生论

生存术（Life Hack）涉及的大多是细微的小事，所以也有人曾向我反映过："何必要写这些无聊的内容……"我特别能理解这种心情。**真正宝贵的不是关于那些琐碎工具的内容，而是关于为什么要这么做的本质内容。**

在商界里也是相同的。一个企业如果没有战略，必然会迷失方向。同样，我认为生存术其实是战术论，而不具有战略性。

然而，自从有了网络之后，在这各种因素相互联系、错综复杂的社会里，先从战术入手而获得成功的事例比比皆是。也就是说，要制定一个战略，涉及的因素太多，反而让人们无法轻易下决定。而且即使制定了战略，我们也无法保证它一定能够顺利执行。所以就要先做一做，试试看。

网络交易是最具典型例子。有很多项目是在看不到收益模型的情况下，先尝试着启动的。如果按以往的战略论来说，这简直就是无稽之谈。

不过在现代社会，这种做法确实能成立。"先做做再看！"——我们怀着这种心态开始某个项目，在推进过程中不断掌握各种战术，并在不断积累这种战术级别的知识和经验的基础上，逐渐摸索出一套战略方案。这种情况下，**战术先于战略存在。**

生存术也一样。

首先从形式，或是从方法着手看看，这里不需要什么战略性。在不断地摸索中，我们自然而然地就能发现很多东西，而这些东西最终就会汇聚成为战略。换而言之，生存术最终会成为我们的人生论。

这里我想说的是，**作为人生论的药引，我们最好先掌握生存术**。

Facebook 在首次公开招股之际，马克·扎克伯格（Mark Zuckerberg）发表的公开信给我留下了很深的印象。信中马克·扎克伯格把 Facebook 所拥有的企业文化称为"黑客之道"（Hacker Way），他在信中这样写道：

> 黑客们迅速发布小规模更新方案，或是在不断重复这种小操作中汲取经验教训，而不是试图一蹴而就，一劳永逸。他们希望通过长久努力打造最佳服务。
>
> 为了支持这种工作，我们建立了一个框架，在有限时间内，可以测试数千个 Facebook 版本。"付诸实践比追求完美更重要"（Done is better than prfect），我们将这句话写在公司的墙壁上，并按照这一原则进行工作。
>
> 黑客之道的本质意义也是亲力亲为，积极训练。黑客不会耗费时日去争论一个创意是否可行，或是寻找最佳方案。他们只会不断进行各种尝试，看看是否可行。在 Facebook 公司内，你会常常听到黑客们的一句口头禅："代码胜于雄辩"（Code wins argurments）。

如果仿效扎克伯格的这种理念，可以说人生也有"行动胜于理论"的侧面（虽然并非全部都是）。所谓生存术，就是一种**不假他人之手，积极应对的方法**。

时间整理术 88
让生命的"能量"在予赠过程中不断循环

时间真是宝贵的存在。每个人所拥有的时间是平等、有限的。我们虽然可以存储无数金钱，但时间我们却连一秒钟都无法"存储"起来。如果是把时间花在某件事情上，哪怕只用一秒钟，那也是非常宝贵的。

前面我们了解了一种方法：把花费时间视为一种"投资"，在使用时间的时候，期待某种"回报"。然而，我们并不会马上就得到这个回报，甚至不一定能得到回报。因此，与其称之为投资，不如称之为一种赠予性极高的行为。

我们假设你有个梦想是长大成为足球选手，并从小开始就投身于足球练习之中。如果最终你能够成为足球选手大显身手，并获得高收入，那么我们可以把这件事情视为"投资成功"。但是，在现实生活中，能这样"成功"的人却是凤毛麟角。

所以，如果像这样把时间视为"投资"，那么我们无论如何也无法专心地练习足球。不仅是足球，现在连"考上好的大学，毕业后进入大企业，一生安泰"这种投资，我们都无法断言能获得满意回报。

当我们像这样思考整个人生的时候，"投资"时间这种比喻确实不够恰当。其实，专心练习足球本身就是一件令人高兴的事情。而在这段时间里，我们所体会到的喜怒哀乐，也都是不折不扣的回报。

亲鸾上人①曾说过："只要相信弥陀的誓愿就能获救。"所谓弥陀的誓愿，就是阿弥陀如来要把所有众生带入极乐净土的誓言。就是说，只要你相信这个誓言，在那一刹那你就能获救。

就足球的例子而言，在你相信一定会有回报的那一刹那，你专心练习足球的时间就会变成能够获得丰硕成果的时刻。好好学习，考上大学，在大型企业就职并顺利退休——我们并不需要靠这样一个未来而获得解救。能解救我们的，反而是现在怀揣着对未来的信心并努力学习的每一分每一秒。它在我们的希望和行动中变得无比充实，成为我们的救赎。

"场"研究所的所长清水博先生进一步用哲学道理阐明这件事。他将此定义为**"予赠循环"**。

通过把自己生命的"能量"——时间赠送出去，我们可以让自己的未来变得更美好、更丰富多彩。而这个丰富多彩的未来也将化作礼物，重新回到自己身边。清水先生就是把这个循环命名为"予赠循环"。

例如，就打扫卫生这件事而言，如果某个场所变得窗明几净，你就能从整洁的环境中获得恩惠。如果你把时间花在了足球这一团队运动上，那么你与其他队员就能越走越近，这个团队作为一个"场"，也会变得更加丰富，队员之间的亲密关系也会给你带来丰硕的回报。你好好学习天天向上，进而变得越来越聪明之后，跟你有接触的所有人都会获得恩惠，与你有关的团体或地区作为一个"场"，也一定会变得更加丰富多彩。

就像这样，我们不要去想时间是为自己而花费的，而是想成把时间赠送给了自己所在的场所。一旦你开始这么想，赠予的循环链就开始转动了。

---

① 日本净土真宗的开山鼻祖。

并且，在你相信"把时间赠予给场所，就绝不会浪费，就一定会有回报"的那一瞬间，赠予本身就会变成了一种喜悦之情。这个结果恰恰印证了亲鸾上人的话。

"3·11"东日本大地震之后，我一直在参与志愿者活动，而且我也是把这些活动视为向受灾地区以及日本这个"场"的赠予。志愿者活动本身也使我受益匪浅，是非常棒的经历。而在我相信这会使我未来的"场"变得更加丰富多彩的时候，我甚至能感觉到这个志愿者经历也跟着变得更加多姿多彩了。

日本在经济上已经非常成熟，今后想要变得更加富足多姿，我觉得也只有通过这种时间的赠予才能实现了。所以我觉得东日本大地震或许给我们带来了一个巨大契机，让我们能去深入考虑这些问题。

时间整理术 89

人生的微分和积分

我们曾在高中学过微分和积分，微分表示曲线上一点的走势。如果将曲线图上的横轴视为时间，竖轴视为成果，那么曲线图就会变成一个指标，告诉我们在某个瞬间，我们的人生是处于上升阶段还是下滑阶段。

所谓幸福的瞬间就是这个走势趋向右上方的时候。这时，即使自己所处的位置低于其他人，也会觉得相当幸福。

不，甚至是曲线图上位于你上方的人，与他正开始下滑的时候相比，你也是更幸福的。

经济处于持续高度增长阶段时的日本正是这种状态。虽然与发达国家相比还存在着不足之处，但由于经济的不断成长，人们觉得非常幸福。而成为发达国家之后的现在，我们反而很难感觉到幸福。

钱确实是最一目了然的东西。趋向右上方的走势可以能通过数字清晰地表现出来。不过，这种走势总有走到头的时候。即使运气极佳，从未出现下跌现象，就像现在的日本，在这种情况下，我们能感觉到的幸福也是非常有限的。所以我们只需拥有可以维持生活的钱，其实也就足够了。

但如果从体验这个尺度来考虑就不是这样的。

不断尝试新鲜的体验，带着惊奇、有声有色地度过每一天，这样的生活是可以永无止境的。

我曾在《时间投资妙招》中向大家介绍过要先把时间转变成经验，然后再转变成金钱。但事实上，只有钱的部分才会是这样的结果。而在曲线图的竖轴上，当你拥有了体验等精神方面的内容后，你才会有幸福感。

如果不把这种瞬间的曲线图走向放在整个人生中来考虑，而是放在一天中来考虑的话，它就会变成"时间效率妙招"。同时，如果从团体的表现能力出发，还可以跟"组团妙招"联系起来。这些都是**能让你感到"幸福时刻"、"时间充实"状态的技巧**。另外，我们必须面对这种变幻莫测的"状态"，因为时间也就是这样的事物，这一点的确比较困难。

日本有很多有关这方面的方法论。例如我们在阅读关于禅的书籍时，有时候我们的目的是在转换时间概念。或把瞬间视为永远，或把永远视为瞬间。

另一方面，我们还必须拥有积分式思考方法。积分是将瞬间的积累聚集起来的结果。如果微分是"状态"，那么积分就是相当于"成果"的部分。如果我们把重点放在完成 ToDo 的量上，"ToDo 妙招"就是积分式的思考方法。如果是用日程来管理工作的进度状况，"日程管理妙招"就是积分式的思考方法。如果按照人生的长度来思考的话，这篇"计划妙招"就是积分式的思考方法。

基本上，我们必须要同时兼顾微分和积分。然而，通常情况下积分总会被优先考虑。那是因为状态是变幻莫测且难以操控的，而成果却是容易掌握的。

但是，我们需要牢牢记住的是，成果是经过状态的不断积累才得以成形的。

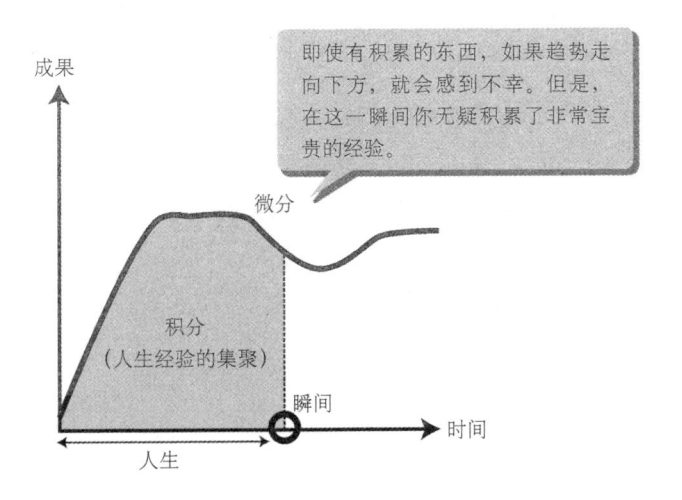

即使有积累的东西，如果趋势走向下方，就会感到不幸。但是，在这一瞬间你无疑积累了非常宝贵的经验。

从这个角度出发，使用"零压力"工作方法的生存术就是**在容易只将注意力投向成果的商界，促使你将注意力转向状态**的技巧。或许有人认为生存术是瞬间性的技巧，但换个角度来讲，正因为是瞬间性的，才是最好。

我们在本章中还试着追加了季节感。日本人原本就非常擅长处理这种瞬间。如果我们把以加入季语①为规则的十七音俳句的世界带入到商业世界里，那又会变成什么样呢？真是令人浮想联翩。当然，由于我个人能力有限，到目前为止还没有做到这点。

真心希望生存术不仅是简单的用于提高效率的技巧，更希望它是成为使大家享受时间的开端。

---

① 用来表示季节的词汇。——译者

后记　作为先驱性智慧的生存术

《出现的未来》（讲谈社）这个书名非常具有魅力。这本书向大家介绍的是如何向还没有发生的未来学习的方法，而不是如何向过去学习。"尚未出现的未来"——这是理所当然的事情，未来的确还没有出现。并且正因为没有出现，人们才会期待它，也会对它感到不安。

从那个尚未出现的未来，感知些什么东西。这种接近方法就跟时间机器一样，正是"时间妙招（time hack）"的最佳体现。

人类学家列维·斯特劳斯在对未开化社会进行田野调查的时候，注意到了当地人们的一些怪异的行动。他们在丛林中行走之际，会随手拾起一些小树枝或石头什么的。而那些都是能够成为资材和工具的东西。

他们拿着这些"过后或许有用"的东西到处行走。这并不是因为这东西有具体的用途，他们这样做也并非实现计划好的。可是实际上，到最后这些东西确实能起到作用。他们会想尽一切办法，将它充分用起来。列维·斯特劳斯把这种临时拼凑起来的能力称为"拼装能力"（Bricolage）。

他们是在不知道未来会什么事情的情况下，选择那些估计在未来会有用的东西。思想家内田树先生指出这里所体现的就是可以感知未来的"先驱性智慧"。若非如此，他们是无法选择出适当的素材。

他们是通过调动一切在以前所积累的经验和智慧，凭借它们去选择估计在未来可能会需要的东西。他们正是向尚未出现的未来"学习"。

生存术也是一种"拼装"。所谓 hack，原本也具有切碎的含义，隐含着使用身边的工具迅速地处理事情的意思。

这里所体现的与其说是是要为将来可能发生的事情做好万全的准备，还不如说是是一种智慧。一种可以应对意想不到的突发事件，使用手上的工具，想方设法去处理掉的智慧。

既然是这样，正如内田先生所给出的启示，在这里发挥作用的是向尚未出现的未来学习的先驱性智慧。城市是巨大的丛林。在这里，我们永远不知道下一刻会发生什么事情。即使处于这种状态下，能够预先感知未来，把那些可能有用的工具装入包中，在发生问题时，即刻应变处理的游牧式工作者（nomad worker）才是真正的"拼装"高手。

过去的法则、规则以及庞大的系统，在这里都起不了作用。我们能够借助的只有向未来学习的先驱性智慧。作为生存术使用者，我们不能忘记踏入前人未曾涉足过的凶险丛林的勇气。

如果这本《整理的艺术2：时间是整理出来的》能够让你获得勇气，向尚未呈现在我们眼前的未来踏出一步，这对我而言，可谓是望外之喜也。

2012 年 3 月
小山龙介

出版后记

身处一个快节奏的信息社会，"忙碌"已经成为我们生活的常态。

走在大街上放眼望去，满眼皆是行色匆匆的人。上班族被繁重的工作压得透不过气，整日加班，叫苦不迭。学生在课本和试题的海洋中苦苦挣扎，学习挤占了生活的全部空间。"时间不够用"似乎是每个现代人不得不面对的问题，面对日益膨胀的日程表，我们迫切需要掌握一些简单实用的时间管理方法，让自己摆脱时间的追逐，更为从容地应对工作和生活。本书中教授的"时间整理术"就能在这方面为我们提供帮助。

本书作者小山龙介是一位不折不扣的职场达人，他从多年在职场摸爬滚打的亲身经验出发，切实提出了89个节省时间、提高效率的绝招。他精准地从ToDo管理、日程安排、时间效率、时间投资、团队合作、计划六个角度切入，帮读者逐个击破吃掉时间的坏习惯，让读者大幅提高工作和学习效率，从菜鸟变身为运筹帷幄的时间整理达人。

作者还指出："在本书中，我们的目标是把工作效率提高三倍，然后用省下的时间来更尽情地享受人生。"可见"时间整理术"并不是要让我们成为高速运转的工作机器，它的最终目的是要帮我们从"工作"手中抢回享受生活的时间。我们也可以将其视作一种应对困境的积极姿态，面对时间的压迫，你可以牢骚满腹，也可以选择翻开这本小书，从点滴开始改变人生。本书秉承了小山龙介简洁明快的语言风格，不含任何说教和空话。你无须学习连篇累牍的理论知识，只需掌握这些实用的小技巧，就能轻松"玩转时间"。

我们曾在 2012 年从讲谈社引进出版《整理的艺术》，该书上市后因其简洁性和实用性在读者中广受好评。此次，我们又引进作者小山龙介的新作《整理的艺术 2：时间是整理出来的》，力求在时间整理方面为读者提供进一步的帮助。接下来，我们还会推出小山龙介的另外两本书《整理的艺术 3：创意是整理出来的》《整理的艺术 4：学习效率是整理出来的》，敬请期待。

最后，希望我们多番联系未果的封面图片作者看到本书后主动与我们联系，以便奉上稿酬和样书。

服务热线：133-6631-2326　139-1140-1220
服务信箱：reader@hinabook.com

后浪出版咨询（北京）有限责任公司
2017 年 6 月

图书在版编目（CIP）数据

整理的艺术.2,时间是整理出来的/（日）小山龙介著；阿修菌译. -- 南昌：江西人民出版社，2017.9

ISBN 978-7-210-09385-5

Ⅰ.①整… Ⅱ.①小…②阿… Ⅲ.①整理—方法 Ⅳ.①B026

中国版本图书馆CIP数据核字(2017)第110624号

TIME HACKS！——GEKITEKI NI SEISANSEI WO AGERU 'JIKANKANRI' NO KOTSU TO SYUUKAN
© Ryuusuke Koyama 2012
All rights reserved.
Original Japanese edition published by KODANSHA LTD.
Publication rights for Simplified Chinese character edition arranged with KODANSHA LTD. through KODANSHA BEIJING CULTURE LTD. Beijing,China.

本书中文简体版权归属于后浪出版咨询（北京）有限责任公司

版权登记号 14-2017-0317

整理的艺术2：时间是整理出来的

著者：[日]小山龙介　译者：阿修菌
责任编辑：冯雪松　胡小丽
出版发行：江西人民出版社　印刷：北京富达印务有限公司印刷
690毫米×960毫米　1/16　13印张　字数：200千
2017年9月第1版　2017年9月第1次印刷
ISBN 978-7-210-09385-5
定价：36.00元
赣版权登字 -01-2017-357

后浪出版咨询（北京）有限责任公司 常年法律顾问：北京大成律师事务所
周天晖 copyright@hinabook.com

未经许可，不得以任何方式复制或抄袭本书部分或全部内容
版权所有，侵权必究

如有质量问题，请寄回印厂调换。联系电话：010-64010019